Índice

Resumen

Una noche de marzo de 2007 llegaron los soldados a la aldea de Buramba, en la República Democrática de Congo (RDC). Cuando se marcharon dejaron tras de sí al menos 15 muertos. 'A las 5.30 de la mañana', dijo un superviviente, 'los vi llegar a nuestra casa... Echaron la puerta abajo, y una vez dentro mataron a ocho personas. Sólo sobrevivieron mis cuatro nietos. Continuaron disparando por la aldea. Me refugié entre los matorrales. Cuando regresé tres días después, encontré los cuerpos de mis hijos y de mi madre. Estaban en las letrinas; pude ver los pies de mi madre sobresaliendo.'[1]

Lo importante de esta historia no es que sea aterradora, sino que en muchos lugares del mundo no es algo excepcional. En la RDC, después de estos hechos la violencia ha ido en aumento, obligando a más personas a huir de sus casas y ocasionando casi 1.500 muertos diarios. [2] Aunque ningún otro conflicto causa este índice de mortalidad, los miembros de Oxfam Internacional escuchan cada día de hombres y mujeres historias similares de muerte, violación y desplazamientos, desde Colombia a Sudán. Ésta es la razón por la que publicamos este informe. Han transcurrido 60 años desde que los principales Convenios de Ginebra consagraran el derecho de los civiles a ser protegidos, pero este derecho se viola en cada conflicto. Son muchas las personas que se compadecen de quienes sufren estas atrocidades, pero se sienten impotentes. Muchos gobiernos sienten lo mismo, piensan que poco se puede hacer, pero se equivocan.

Algunos actores estatales y no estatales deciden matar civiles o aplican estrategias en las que es muy probable que mueran civiles. Algunos gobiernos deciden proteger a sus ciudadanos: mantener su seguridad. Otros no protegen a toda la población, o no lo suficiente. En este informe vamos a exponer que esto no es ni mucho menos inevitable, que hay ejemplos de protección de civiles que muestran lo que los gobiernos y otros actores pueden hacer si así lo deciden. Argumentaremos que les conviene hacerlo, porque las atrocidades en masa avivan los conflictos que, en un mundo interdependiente, generan amenazas para la seguridad que no es posible contener. Y un número creciente de gobiernos tiene además un 'interés moral', porque sus electores esperan que contribuyan a prevenir las atrocidades que se retransmiten por todo el mundo gracias a las modernas tecnologías de la información, no que se limiten sólo a condenarlas.

Los gobiernos y otros actores pueden reducir las atrocidades en masa que asolan el mundo en los comienzos del siglo XXI. Para ello, tienen que realizar cuatro cambios, que exploraremos en este informe. Deben:

- Hacer de la protección de los civiles la prioridad absoluta en la respuesta a los conflictos en cualquier lugar, trabajando activamente para protegerlos y manteniendo como piedra angular de su política la Responsabilidad de Proteger a los civiles de las atrocidades en masa, acordada en 2005 en la Cumbre Mundial de Naciones Unidas.

- Adoptar una tolerancia cero para los crímenes de guerra –ya se cometan en actuaciones contra el terrorismo o en cualquier otra circunstancia– aplicando el mismo estándar de rechazo internacional a los crímenes de guerra cometidos por amigos o por enemigos.

- Actuar con mucha más rapidez para hacer frente a las tendencias que amenazan con nuevos conflictos o con prolongar los ya existentes –incluyendo la pobreza y la desigualdad, el cambio climático y la proliferación de armamento– de manera que podamos mejorar tanto en la prevención como en la reacción ante los conflictos.

- Aunar actuaciones eficaces a todos los niveles, desde las comunidades locales al Consejo de Seguridad de las Naciones Unidas, para que se actúe internacionalmente de forma alineada con el trabajo en terreno. Para lograrlo, se debe reformar con urgencia el funcionamiento del Consejo de Seguridad dotándole de una mayor transparencia y de mecanismos de rendición de cuentas, de manera que los miembros del Consejo tengan que dar cuentas de su actuación en pro de la paz y la seguridad internacional, incluyendo su Responsabilidad de Proteger a los civiles de las atrocidades en masa. Todos los miembros permanentes del Consejo de Seguridad deben renunciar al uso del veto en la discusión de situaciones relacionadas con crímenes de guerra en curso o incipientes, crímenes contra la humanidad, limpieza étnica y genocidio.

Muerte de civiles

Según estimaciones realizadas en 2006, las guerras en RDC, Darfur e Iraq matan alrededor de 750.000 personas al año. Una cifra 30 veces superior al número de víctimas que cada año se cobra el terrorismo internacional,[3] pero que representa tan sólo una fracción de las personas que mueren o son secuestradas en los 31 conflictos más importantes que existen en la actualidad,[4] la mayoría de ellos al margen del panorama informativo más allá de sus fronteras. Es más, la gran mayoría son conflictos internos, a menudo activos durante décadas y largamente olvidados por el mundo exterior, como los de Colombia o Sri Lanka.

La escuela de Ashbal-el-sahel, en el sur de Beirut, quedó inutilizada tras un ataque aéreo de Israel en 2006.

Sin embargo, algunas cosas sí *cambian*. Desde 2001, la 'guerra contra el terror' ha tenido su efecto sobre la mayoría de los conflictos del mundo. En 2006, el 63 por ciento de los nuevos refugiados procedían de los dos países que constituyen sus principales frentes, Iraq y Afganistán.[5] La invasión de Somalia por Etiopía ese año, tolerada por occidente como parte de la 'guerra contra el terror', contribuyó a la nueva situación de crisis humanitaria que sufre el país y que persiste hoy en día. En 2007, por segundo año consecutivo, buscaron asilo en países industrializados más ciudadanos iraquíes que de ninguna otra nacionalidad.[6]

El terrorismo, por su propia naturaleza, es un crimen contra los civiles, y la 'guerra contra el terror' se ha perpetrado en nombre de la protección de los civiles frente a él. Todo gobierno tiene la responsabilidad de vencer el terrorismo y de proteger a sus ciudadanos frente a atrocidades de todo tipo. No obstante, en la lucha contra el terrorismo algunos gobiernos han perdido de vista este objetivo y han permitido la muerte de muchos civiles. En 2006, los ataques aéreos de Israel mataron en torno a mil civiles libaneses en un intento fallido de acabar con la amenaza de Hezbollah. Como dijo en 2007 el secretario general de las Naciones Unidas Ban Ki-moon, esos ataques ejemplificaron una tendencia, más amplia y letal, 'a sopesar las bajas civiles frente a ventajas militares difícilmente perceptibles'[7]; en otras palabras, a justificar un elevado número de muertes de civiles por una relativamente pequeña victoria en la 'guerra contra el terror'.

Esta tendencia es una de las razones del fracaso de la 'guerra contra el terror' frente al terrorismo mundial. El 11 de septiembre no se ha repetido, pero el terrorismo mundial y el número de ataques en Oriente Medio y en Europa se ha incrementado significativamente. En parte, se ha visto avivado por la furia ante la invasión de Iraq y por la conducta internacional de la 'guerra contra el terror' en sí misma. Buena parte de esa conducta ha sido contraproducente. Los insurgentes no han tenido dificultad en explotar las hostilidades generadas por Abu Ghraib y por otros abusos; como dijo un hombre afgano en 2007:

Los talibanes mataron a dos miembros de mi familia. Las fuerzas invasoras, a 16. Es fácil imaginar de qué lado estoy.[8]

A partir de 2009, el nuevo presidente de Estados Unidos no será responsable de lo hecho con anterioridad en la 'guerra contra el terror'. En realidad, la nueva Administración estadounidense tiene un potencial inigualable para liderar la acción internacional hacia la protección de los civiles en todo el mundo. Tiene la oportunidad de restablecer la confianza internacional en el liderazgo estadounidense. Para ello, un nuevo compromiso con la protección de los civiles y con el respeto del derecho humanitario internacional, sería una clara señal de que Estados Unidos quiere trabajar con la opinión pública internacional para llevar a cabo un liderazgo desde una posición de fuerza moral.

Hasta la fecha, la 'guerra contra el terror' ha eclipsado otras crisis como la de RDC que ha matado a mucha más gente que el terrorismo global. Con un número de víctimas que dobla con creces al de Iraq, la RDC ha perdido el 8 por ciento de su población a causa del conflicto, y la hambruna y las enfermedades que ha traído consigo.[9] Si Estados Unidos perdiera un porcentaje similar de civiles, habrían muerto 25 millones de personas, un número superior a la población de Texas. En China, la cifra sería de 110 millones de personas, superior a la población del delta del Yangtzé. Sin embargo, la catástrofe de RDC ha recibido escasa atención informativa en todo el mundo.

Peligros reales y futuros

Es habitual congratularse del descenso del número de conflictos desde el final de la Guerra Fría. Se trata de una peligrosa verdad a medias. Si bien el número de conflictos ha descendido sustancialmente, la evidencia sugiere que esta tendencia no va a continuar. El peligro de nuevas guerras, el fracaso de precarios acuerdos de paz, la explotación política de la pobreza y las desigualdades, y el impacto desestabilizador del cambio climático arrojan dudas sobre un descenso continuado del número de conflictos.

Un informe de 2007 estimaba que 46 países, con una población total de 2.700 millones de personas, afrontan 'un alto riesgo de conflicto violento' debido al 'doble riesgo' que supone el hecho de que el cambio climático exacerba las amenazas tradicionales a la seguridad. Tal es el caso de las grandes desigualdades existentes entre diferentes grupos, que pueden ser explotadas con tanta facilidad por los extremistas.[10] Para adaptarse al cambio climático todos esos países deben reducir las desigualdades, no aumentarlas. Si una parte de ellos no lo hace, en las próximas décadas podemos ver un aumento significativo del número de conflictos armados. Con más urgencia aún, se estima que el *actual* fracaso del mundo para reducir la pobreza y las desigualdades significa que, en los cinco años que restan para 2013, cada uno de los países más pobres del mundo tiene una posibilidad entre seis de sufrir una guerra civil.[11]

Además existe un amplio abanico de amenazas adicionales que pueden provocar situaciones importantes de violencia con consecuencias a escala global de aquí al año 2020. En 2008 una encuesta realizada a funcionarios gubernamentales y académicos de más de 20 países identificaba aquellas que, aún no siendo probables, son desde luego posibles, incluyendo el uso de armas de destrucción masiva por terroristas, un intercambio nuclear entre dos países y el colapso de países como Pakistán.[12]

En resumidas cuentas, la amenaza de conflicto –y la muerte de civiles que de manera casi inevitable conlleva– es más grande que nunca, a menos que el mundo actúe de forma sustancialmente más efectiva para reducirla. Este informe analiza que podemos y debemos hacerlo.

¿Por qué proteger a los civiles?

Se debe proteger a los civiles porque es lo correcto, y porque redunda en el interés de la gran mayoría.

En primer lugar, el argumento moral es simple. Toda persona tiene derecho a ser protegida del asesinato, la violación y el desplazamiento forzado. Hace 60 años, en diciembre de 1948, la Declaración Universal de Derechos Humanos prometía a todos el derecho a 'la vida, la libertad y la seguridad', el derecho a vivir libre del miedo y de la miseria. Pero en 2008, para millones de personas es una promesa incumplida.[13]

Pronto hará también 60 años desde que se aprobaron los Convenios de Ginebra de 1949, la piedra angular del derecho humanitario internacional. Esta legislación no sólo prohibía la violencia deliberada contra los civiles, sino que también convertía en ilegal cualquier tipo de violencia que tuviera un impacto desproporcionado sobre los civiles con respecto a los fines militares de las partes en lucha.

Con posterioridad, en la Cumbre Mundial de Naciones Unidas de 2005 los gobiernos hicieron la reafirmación más importante de aquellos principios básicos. Casi todos los gobiernos acordaron su 'Responsabilidad de Proteger' a sus poblaciones del genocidio, los crímenes de guerra, la limpieza étnica y los crímenes contra la humanidad. Acordaron también que la comunidad internacional tiene la responsabilidad de contribuir a ello.[14] Los gobiernos del mundo habían dicho 'nunca más' después del Holocausto, de Ruanda y de Srebrenica. Visto el enorme sufrimiento de civiles en los primeros años de guerra en Iraq y Darfur, era el momento de intentarlo de nuevo.

Interés por los derechos

Lamentablemente, para lograr un cambio en la vida de las personas no es suficiente con que los gobiernos desarrollen el derecho internacional, ya que no es probable que ese derecho se aplique a menos que los gobiernos vean que puede apoyar sus propios intereses. De ahí la importancia de reconocer que a casi todo el mundo *le interesa* la protección y la paz, no las atrocidades y el conflicto. A los únicos que no les interesa es a los criminales de guerra y aquellos que, como los irresponsables exportadores y comerciantes de armas, se benefician de la guerra. En seguridad, como en todo lo demás, el mundo es cada vez más interdependiente.

Por un lado, tres cuartas partes de los conflictos son alimentados por armas extranjeras o por una u otra forma de intervención internacional.[15] Por otro, ningún país del mundo es inmune a la inseguridad y a las amenazas que se derivan de conflictos que tienen lugar a miles de kilómetros de distancia. Terroristas entrenados en un continente actúan en otro. El 95 por ciento de las drogas duras que circulan por el mundo proceden de países en guerra.[16] Desde Afganistán hasta Colombia, los conflictos generan refugiados que llegan a Europa, Australia o América del Norte. Los conflictos, cualquiera que sea el lugar en que se desarrollen, pueden tener un impacto importante sobre la economía mundial. Según el economista y premio Nobel Joseph Stiglitz, la guerra de Iraq puede llegar a costar a la economía mundial hasta 6 billones de dólares, el doble que a Estados Unidos.[17] Según Paul Collier, profesor de economía de la Universidad de Oxford, el coste económico de los conflictos es aproximadamente el doble de lo que el mundo ha gastado en ayuda internacional en las últimas décadas.[18] Las investigaciones de Oxfam Internacional indican que, entre 1990 y 2005, los conflictos armados han costado a África una media de 18.000 millones de dólares al año, con unas consecuencias humanas más que evidentes. En comparación con los países en paz, los países africanos en guerra tienen un 50 por ciento más de mortalidad infantil.[19]

En 2008, las crisis de Kenia y Tíbet han atraído la atención internacional precisamente porque pueden tener consecuencias continentales o mundiales. Y gracias a los medios de comunicación globales, Internet y los teléfonos de tercera generación de los manifestantes de las calles de Rangoon, no hay conflicto del que no sepamos absolutamente nada. De manera que los electorados pueden esperar de sus gobiernos que prevengan, no sólo que condenen, las atrocidades que las tecnologías de la información difunden por todo el mundo. Ya no es aceptable el 'realismo' político tradicional, por el cual se puede hacer caso omiso de la ética en las relaciones internacionales. En el siglo XXI, tal y como escribió en 2003 el director general de Asuntos Exteriores de la Unión Europea, la política exterior 'realista' ha dejado de ser realista.[20]

Por esta razón, incluso los gobiernos más ricos del mundo tienen *intereses* morales, junto con los económicos y políticos, como apuntó en 2007 el ministro de Exteriores del Reino Unido. La dimensión de ese interés moral depende de cuánta presión ejerza la ciudadanía para exigir a sus gobiernos que protejan a las personas en sus propios países y alrededor del mundo. Desde Colombia hasta Uganda, las comunidades locales y la sociedad civil ejercen esa presión. Las campañas contra la guerra de Iraq, por la paz en Darfur y por el control del tráfico de armas muestran la solidaridad con las personas que sufren en los conflictos. Unas veces esos esfuerzos tienen éxito, y otras no. A veces, la gente tiene la inquietud de que 'algo hay que hacer' pero se pregunta qué es lo que tiene que pedir a su gobierno que haga. Este informe contribuye a dar respuesta a esa pregunta.

El reto ahora está en unificar toda esa acción y expandirla en un movimiento global por los derechos de los civiles, de manera que el interés moral de los gobiernos por proteger se haga más fuerte y asuman la realidad: que en un mundo en el que las amenazas a la seguridad son globales, la opción racional es cumplir con la Responsabilidad de Proteger. Pero ¿cómo hacerlo?

Ejemplos de los que aprender

Podemos proteger a los civiles, y hay ejemplos de los que podemos aprender. Los ejemplos incluyen los éxitos y los fracasos de la comunidad internacional, de los gobiernos que desarrollan mejores estrategias para proteger a sus ciudadanos, y de los desconocidos logros de los propios civiles.

Acción local

Muchas de las personas que viven los conflictos no sólo cuentan historias de muertes y desplazamientos; también actúan frente a ellos, a menudo con medidas desesperadas porque quienes tienen la responsabilidad de protegerles hacen muy poco por ayudarles. Huyen de la violencia, y se convierten en refugiados o en desplazados internos, porque sus gobiernos y otros actores no están dispuestos o no son capaces de proporcionarles la seguridad que merecen. Algunas veces, los civiles pueden hacer más, haciendo frente a la impunidad de la que con demasiada frecuencia disfrutan los criminales de guerra, o desarrollando estrategias para protegerse ellos y sus familias. En Darfur y en la RDC las mujeres se organizan en grupos cuando salen de sus aldeas o campos para realizar la peligrosa tarea de recoger leña. El éxito nunca es fácil y rara vez completo, pero en diferentes crisis hay ejemplos de civiles que logran resultados. En Mindanao (Filipinas), grupos locales cristianos y musulmanes negociaron juntos con los soldados y con los rebeldes para preservar sus aldeas y para asegurar que las personas desplazadas de sus hogares recibían asistencia humanitaria. En Kenia, la organización nacional *PeaceNet* jugó un papel fundamental para salvar vidas durante la oleada de violencia que asoló el país a comienzos de 2008. Estableció un 'Centro Neurálgico SMS' que, mediante mensajes de texto, recopilaba información sobre potenciales ataques y avisaba inmediatamente a los Comités de Paz y Seguridad locales que, al menos en algunas circunstancias, pudieron intervenir con rapidez para evitarlos. Por ejemplo, el 28 de enero de 2008, después del asesinato de un miembro del Parlamento en Nairobi, un equipo interceptó a una banda de jóvenes que se dirigía a atacar a otra comunidad, logrando persuadirles para que se dispersaran.

En muchos países, hay experiencias que demuestran que las mujeres son especialmente buenas en actuaciones locales encaminadas a construir la paz. En Burundi, mujeres tutsi y hutu constituyeron el grupo *Habamahoro* para hacer frente a la violencia de los hombres jóvenes de ambas comunidades.[21] En Uganda, mujeres 'animadoras de paz' entrenan a otras en el manejo de conflictos entre comunidades y dentro de ellas.[22]

Responsabilidad nacional

Ciertamente, los civiles y los grupos de la sociedad civil no pueden hacerlo todo por su cuenta. Los Estados tienen la Responsabilidad de Proteger a sus ciudadanos. También aquí, cuando los gobiernos optan por la protección, hay ejemplos de buenas prácticas. En 2006, Uganda cambió su estrategia y llegó a un acuerdo de alto el fuego con el grupo rebelde Ejército de Resistencia del Señor (ERS), en lugar de continuar con el vano intento de acabar con él por la fuerza. Se dio cuenta de que ahora, en el mundo, se resuelven muchos más conflictos de manera pacífica que por la fuerza, cuatro veces más que en el periodo comprendido entre 2000 y 2005.[23] En los primeros 12 meses de alto el fuego, los ataques del ERS descendieron a solo cinco al mes, [24] y 900.000 desplazados pudieron al menos realizar parte del camino de regreso hacia sus hogares.[25]

Otros gobiernos también han empezado a aplicar políticas que otorgan una mayor prioridad a la protección de los civiles, obteniendo resultados alentadores. Liberia tenía el peor historial de violencia sexual del mundo: durante el conflicto que finalizó en 2003, el 74 por ciento de las mujeres y niñas fueron violadas.[26] Pero con la nueva presidenta, la primera líder elegida en África, el Gobierno está tomando medidas enérgicas contra la violencia sexual, con una nueva ley sobre violación y un Plan de Acción Nacional sobre violencia de género que incluye la reforma de los sistemas legal y sanitario, apoyo psicosocial para las supervivientes, y programas económicos y sociales para mujeres y niñas.

Solidaridad regional

Cuando la presidenta de Liberia, Johnson-Sirleaf, llegó al poder, se encontró con un presupuesto nacional de tan sólo un millón de dólares. En los países en desarrollo los gobiernos no pueden hacerlo todo por sí mismos debido a la falta de recursos. Al mismo tiempo, en la actualidad casi todos los conflictos traspasan las fronteras nacionales, como bien muestra la dimensión regional de conflictos existentes desde Afganistán y Pakistán a Darfur y Chad. La salida de refugiados hacia países vecinos, como por ejemplo los que se dirigen desde Colombia a Venezuela y Ecuador, puede tensar la inestabilidad regional. De ahí el interés y el valor añadido que tiene para los líderes y organizaciones regionales la resolución de conflictos aparentemente internos.

Cuando en 2008 Kofi Annan ayudó a asegurar el acuerdo entre los líderes políticos rivales de Kenia, continuaba una tradición de recientes procesos de mediación que han tenido éxito en África. Estos procesos incluyen la mediación de Nelson Mandela y del vicepresidente de Sudáfrica, Jacob Zuma, en Burundi en 1999 y 2003 respectivamente, y de ECOWAS (organización regional de África occidental) en 2004 en Togo, y en 2007 en Guinea. Entre 2003 y 2007, la Unión Europea (UE) desplegó 16 misiones para ayudar a gobiernos y organizaciones regionales (como la Asociación de Naciones del Sudeste Asiático), desde Indonesia a Palestina, pasando por Macedonia y Afganistán. En Darfur, proporcionó fondos –aunque no hizo otras aportaciones más difíciles políticamente, como helicópteros–, a la misión de la Unión Africana (UA), antes de que se desplegara tardíamente la fuerza mixta de la ONU-UA en 2008. Ni la misión de la UA ni el apoyo de la UE fueron tan eficaces como debían, pero juntos hicieron al menos algo para facilitar la angustiosa situación de los darfuríes. Durante 2008-2010, la UA y la UE están colaborando en su primer Plan de Acción encaminado a desarrollar las capacidades de África para la alerta temprana, la mediación y el mantenimiento de la paz, de manera que África pueda hacer más por sí misma, y depender de un apoyo de más calidad por parte de los países ricos.

Apoyo internacional

Al igual que en el caso de la UA y la UE, el desempeño de la ONU es sin duda mixto. El Consejo de Seguridad sigue estando profundamente comprometido por la actuación de sus miembros más poderosos que, uno tras otro, bloquean cualquier actuación efectiva que vaya en contra de sus aliados o de sus intereses. Pero a miles de kilómetros de distancia de estos bloqueos, en Nueva York, las misiones de paz de la ONU –60 años después de que en 1948 tuviera lugar la primera en Palestina– se están centrando más que nunca en proteger a los civiles. En 2006, el Consejo de Seguridad determinó que todas las misiones de paz de la ONU debían tener el mandato de proteger a los civiles en peligro

Oxfam

inminente.[27] El Consejo reconoció finalmente que el papel de las misiones de paz debe tener un alcance mayor que mantener la paz entre las partes enfrentadas o vigilar una paz frágil. Deben proteger a los civiles del asesinato y la violación, incluyendo la aplicación de la resolución 1325 del Consejo de Seguridad, que insta a que los integrantes de las misiones de paz hagan frente a las amenazas específicas que sufren las mujeres. Se les debe dar el mandato y los recursos necesarios para cumplir su misión con éxito. Y algo fundamental es que deben ser apoyadas mediante el necesario compromiso político de abordar las causas subyacentes del conflicto.

En Kebkabiya (norte de Darfur) las cocinas eficientes han reducido el número de viajes que las mujeres tienen que realizar para recoger leña. Durante estos viajes es cuando se exponen al mayor riesgo de ser atacadas (2005).

Muchas de las iniciativas internacionales de los últimos años han tenido un efecto significativo. En 1997 hubo quien desestimó el Tratado de Otawa que prohíbe las minas antipersonas por considerarlo un mero gesto de la sociedad civil y algunas celebridades, pero en sus primeros 10 años puede haber reducido el número de muertos y heridos por las minas en más de dos terceras partes.[28] Se debe hacer mucho más para liberar al mundo de las minas y de otras armas igualmente indiscriminadas como las bombas de racimo (que en mayo de 2008 más de 100 gobiernos han acordado prohibir), pero el éxito en la práctica del tratado sobre minas ha contribuido a generar el contexto para desarrollar iniciativas de mayor alcance encaminadas a controlar el comercio de armas. Por primera vez existe la posibilidad de que se establezcan controles legalmente vinculantes sobre todas las armas convencionales. En 2006, 153 gobiernos votaron a favor de empezar a trabajar en un Tratado Internacional sobre Comercio de Armas, y para finales de 2008 la Asamblea General de la ONU debe dar otro paso fundamental hacia ese objetivo.

Las guerras actualmente en curso se libran en un mundo en el que hay otros actores importantes además de los gobiernos y los organismos intergubernamentales. En algunos países al menos, las corporaciones privadas están dando pasos eficaces para reducir conflictos locales (no así otras, incluyendo muchos productores de armas y compañías militares privadas). Las agencias de ayuda humanitaria, tradicionalmente confinadas a proporcionar ayuda física, se han dado cuenta de que sus beneficiarios están pidiendo seguridad tanto como agua, alimento y cobijo. Dentro de sus limitadas posibilidades, la ayuda humanitaria está tratando cada vez más de proporcionar esa seguridad. En Darfur y en Chad, Oxfam Internacional enseña a las mujeres a construir cocinas eficientes, lo que ha reducido las veces que se tienen que exponer a un ataque al aventurarse fuera de sus campos para recoger leña.

Hacerlo mal

¿Qué ha ido mal? Si la paz y la protección son de interés para la mayoría y hay buenos ejemplos de los que aprender, ¿por qué continúan las crisis de Darfur o de RDC? Si los gobiernos, la UE, la UA y la ONU pueden hacerlo bien algunas veces, ¿por qué otras lo hacen tan mal?

La respuesta simple es que pocas veces toman la decisión de dar a la protección la prioridad que se merece. Sea con relación a decisiones para condenar crímenes de guerra, imponer sanciones a los que perpetran los abusos o financiar adecuadamente las misiones de paz, la política que da prioridad a la seguridad de los civiles se ve con demasiada frecuencia superada por intereses políticos limitados y cortoplacistas.

En conjunto, el actual orden internacional –EE UU como única superpotencia y los otros miembros permanentes del Consejo de Seguridad de la ONU– ha hecho un pobre trabajo para proteger a la gente que se enfrenta al genocidio y a los crímenes de guerra. El número de conflictos se ha reducido, pero no se ha cumplido la promesa de principios de los 90 de que los civiles estarían básicamente más seguros que durante la Guerra Fría o con anterioridad a ella. Han sido más las ocasiones en las que el Consejo de Seguridad –o para ser más exactos sus miembros más poderosos– no ha cumplido su objetivo de mantener la paz y la seguridad internacionales, que las que sí lo ha hecho. Una y otra vez, ha fracasado al abordar los conflictos (por ejemplo, en Colombia), ha evitado las decisiones duras (como en Chad) o no ha actuado con ninguna efectividad (Darfur), porque uno tras otro sus miembros han dado prioridad a sus estrechos intereses y alianzas por encima de la Responsabilidad de Proteger.

Nuevo orden mundial

Pero el viejo orden mundial está cambiando. El Consejo de Seguridad sufre presiones para que incluya nuevos miembros permanentes como India, Brasil, Alemania y Japón. Rusia ha recuperado su confianza. Las organizaciones regionales están madurando, y la colaboración entre la UE y la UA se está concretando más que nunca. Quizás lo más importante de todo, en palabras del periódico estadounidense *Foreign Affairs* en 2008, es que el mundo afronta 'un profundo cambio en la distribución del poder' a medida que China aumenta su influencia y se hace patente que la posición de EE UU como única superpotencia tras la Guerra Fría no durará siempre.[29]

Este cambio puede empezar a producirse cuando el mundo entra en la tercera década tras la Guerra Fría. La velocidad y el impacto de este cambio siguen siendo inciertos, pero es posible que en 2020 China se sume a EE UU en el liderazgo de un nuevo mundo 'multipolar' en el que India, la UE, Brasil y también otros tengan una importancia no sólo regional sino también global. EE UU puede seguir siendo el país más poderoso, pero como apunta Joseph Nye, profesor de relaciones internacionales de Harvard: 'ser el número uno ya no va a ser lo mismo.'[30]

La cuestión es: ¿va a ser mejor este 'nuevo orden mundial' en la protección de los civiles que el viejo? La respuesta todavía no está clara. EE UU, China y otros van a ser evaluados por sus respuestas a futuras crisis. Pero también por el liderazgo que muestren en los esfuerzos por construir un sistema internacional más eficaz, en el que los gobiernos acuerden y se sometan a reglas para respetar los derechos de las personas en todo el mundo. Un ejemplo obvio es el tratado post-Kioto sobre cambio climático. La Corte Penal Internacional es otro. Pero en el terreno de la paz y la seguridad, el ejemplo más destacado es el Tratado sobre Comercio de Armas que ya se está discutiendo. Este tratado es más que una convención internacional para controlar las transferencias de armas. Será la prueba más clara de si los grandes poderes mundiales pueden trabajar junto con la mayoría de la opinión pública mundial para aprobar reglas globales que satisfagan todos sus intereses. Es su elección.

Elegir el futuro

60 años después de la Declaración Universal de Derechos Humanos y de los Convenios de Ginebra, es hora de actuar de forma más efectiva para hacerlos respetar. No necesitamos reinventar el derecho internacional ni la Responsabilidad de Proteger que, ante las peores atrocidades, intentó impulsarlo con un renovado compromiso político. Los Convenios de Ginebra

siguen siendo la base del intento de la humanidad de limitar el coste brutal de la guerra. Lo que se necesita ahora es aplicarlos de forma consistente y vigorosa.

Los gobiernos deben hacer todo lo posible para proteger a los civiles, detener las peores atrocidades que ocurren en el mundo una vez que han comenzado, *así como* prevenirlas y prevenir los conflictos que conducen a ellas. Esto requiere mucho más que reaccionar a los acontecimientos mediante la acción militar o iniciativas diplomáticas. Se precisa un nuevo nivel de inversión en 'seguridad humana', un enfoque global para proteger a las personas de todo lo que las amenaza –pobreza extrema, enfermedades mortales, degradación ambiental– así como de la violencia inmediata. Como proclamó la Declaración Universal de Derechos Humanos en 1948, las personas tienen el derecho a vivir libres de la pobreza y del miedo.

Todo gobierno comparte la Responsabilidad de Proteger a los civiles de los crímenes de guerra, el genocidio y los crímenes contra la humanidad. Esto significa situar la protección de los civiles en el centro de la política, en lugar de tratarla como un compromiso a medias que sólo se cumple cuando otros intereses lo permiten. Pero más que de ningún otro, la responsabilidad es del Consejo de Seguridad porque, como establece la Carta de la ONU, su principal responsabilidad es la paz y la seguridad internacional. Por esa razón, se debe reformar con urgencia la forma en que trabaja. De lo contrario, es poco probable que mejore su actuación.

Rendir cuentas desde el poder

En 2008, el Consejo de Seguridad no responde ante nadie. En un mundo en el que casi cualquier otra organización pública o privada es juzgada por su rendimiento, el Consejo nunca rinde cuentas. La incapacidad de poner fin, después de cinco años, al sufrimiento en Darfur es una muestra palpable de ello.

La reforma del Consejo no debe consistir simplemente en sumarle unas cuantas potencias más. Se le *debe* dotar con urgencia de una mayor transparencia y rendición de cuentas, de manera que todos sus miembros tengan que responder de su actuación en la búsqueda de la paz y la seguridad internacional, incluyendo su Responsabilidad de Proteger.

Las recomendaciones de este informe se exponen con detalle en el Capítulo 5.

En el siguiente apartado resumimos las recomendaciones clave.

Recomendaciones clave: agenda para un mundo multipolar

No hay una solución única frente a los horrores del genocidio y los crímenes de guerra. La protección efectiva y la construcción de la paz no vienen de la aplicación de los acuerdos internacionales o de los esfuerzos locales, requieren ambas cosas y más; hace falta una actuación a todos los niveles, desde las comunidades locales al Consejo de Seguridad de la ONU.

Desde el nivel local hacia el nivel global:

Acción local

- Invertir en la capacitación local:
  - de comunidades para mediar, negociar y resolver conflictos locales
  - de empresas para proporcionar 'medios de vida pacíficos' en las diferentes comunidades
  - de gobiernos para proporcionar a todas las comunidades el mismo acceso a los servicios esenciales y a la tierra, y reducir las desigualdades entre ellas.
- Incluir a las mujeres en todas las negociaciones de paz, desde el nivel comunitario hasta niveles superiores.

Responsabilidad nacional

- Otorgar en cada estrategia militar la máxima prioridad a la protección de los civiles, con una tolerancia cero a los abusos cometidos por las fuerzas de seguridad (incluyendo los abusos sexuales).
- Incorporar a la legislación nacional los Principios Rectores sobre los Desplazamientos Internos, y aplicarlos con rotundidad.
- Reducir los riesgos de renovados o futuros conflictos:
  - creando 'medios de vida pacíficos' para los combatientes desmovilizados, y para quienes están en una situación más vulnerable ante las crisis económicas locales o globales, como un elemento fundamental de una estrategia de reducción de la pobreza
  - proporcionando a todas las comunidades el mismo acceso a los servicios esenciales, incluyendo salud, educación, agua y saneamiento
  - instaurando un sistema judicial y una policía que generen la confianza de que los culpables de actuaciones violentas, incluyendo la violencia sexual, tendrán que rendir cuentas
  - gestionando medidas para la adaptación al cambio climático que reduzcan, en lugar de incrementar, las desigualdades y las tensiones entre diferentes grupos.

Solidaridad regional

UA y otras organizaciones regionales:

- Desarrollar la capacidad y la voluntad para desplegar con rapidez equipos diplomáticos y de mediación que intervengan ante las primeras señales de una previsible crisis.

- Desarrollar la capacidad y la voluntad para aplicar sanciones a líderes políticos y militares, así como incentivos, instrumentos legales y, en casos excepcionales, fuerzas militares para proteger a los civiles.

- Ratificar y aplicar con rotundidad acuerdos regionales para el control de armas a fin de evitar transferencias irresponsables de armamento que conduzcan a violaciones del derecho humanitario o de los derechos humanos, o a socavar el desarrollo sostenible.

UE y UA:

- Para 2010 poner en marcha todas las acciones sobre paz y seguridad del primer Plan de Acción de la Asociación Estratégica de África y la UE.

Comunidad internacional:

- Proporcionar una mayor financiación, segura y predecible, para apoyar a las organizaciones regionales, incluyendo la contribución a misiones de paz autorizadas por la ONU pero llevadas a cabo regionalmente (o un acuerdo alternativo que garantice una financiación completa y segura, transparente, con rendición de cuentas y estándares profesionales para asegurar el uso eficaz de los recursos).

Apoyo internacional

Consejo de Seguridad de la ONU:

- Demostrar su capacidad y voluntad de desplegar con rapidez equipos diplomáticos y de mediación que intervengan ante las primeras señales de una previsible crisis.
- Demostrar una mayor voluntad de proteger a los civiles en crisis nuevas y en las olvidadas, con la oportuna imposición de sanciones a los líderes políticos y militares –confiscación de bienes, prohibición de viajar, etc. – para prevenir y acabar con los crímenes de guerra, los crímenes contra la humanidad y el genocidio, y para reforzar la colaboración con la Corte Penal Internacional.
- Asegurar la mejora continua de las operaciones de paz de la ONU y de otros para proteger activamente a los civiles, incluida la protección de la violencia sexual. Esto debe incluir la preparación de módulos de formación sobre la doctrina de la ONU relativa a la protección de civiles, con un desglose detallado de las medidas específicas que se deben aplicar.

- Pedir al secretario general que proporcione mucha más información, sistemática y a tiempo, sobre las amenazas para los civiles que se deriven de la violencia –incluyendo violencia sexual y de género– y de la denegación del derecho de asistencia.

- Garantizar la formación de todo el personal civil y militar de las misiones de paz de la ONU en lo que respecta a violencia sexual, roles de género específicos de la cultura y desequilibrios de poder en las relaciones entre hombres y mujeres, y entre los integrantes de las misiones de paz y la población local. Toda misión de la ONU debe facilitar al Consejo de Seguridad información completa sobre el peligro de violencia sexual y sus resultados a la hora de reducirlo.

- Detallar en su informe anual a la Asamblea General los pasos que ha dado para cumplir con su Responsabilidad de Proteger. Cada miembro del Consejo debe fomentar esta creciente rendición de cuentas incluyendo en sus declaraciones anuales ante la Asamblea General sus contribuciones específicas para cumplir su Responsabilidad de Proteger. Los miembros permanentes deben renunciar al uso del veto en situaciones de crímenes de guerra, genocidio, limpieza étnica o crímenes contra la humanidad, en curso o incipientes.

- Viajar con mucha más frecuencia a las regiones en las que los civiles corren más peligro, y mantener de forma habitual encuentros privados con representantes de las comunidades más afectadas y con aquellos que trabajan para apoyar sus derechos de protección y de asistencia, así como reuniones abiertas en Nueva York sobre todas las situaciones en curso o incipientes, de crímenes de guerra, genocidio, limpieza étnica o crímenes contra la humanidad.

Para todos los gobiernos, las prioridades deben ser:

- Trabajar para proteger a los civiles, como piedra angular de la política exterior.

- Desarrollar capacidades militares y diplomáticas a nivel nacional que permitan una aplicación efectiva de la Responsabilidad de Proteger.

- Hacer frente a los abusos del derecho humanitario y de los derechos humanos, incluida la violencia sexual, incluyendo los cometidos por aliados.

- Aplicar el derecho humanitario internacional, evitando toda acción militar cuyo impacto sobre los civiles pueda resultar desproporcionado con relación a los beneficios de esa acción militar concreta. Los beneficios inciertos y a largo plazo de una campaña militar no justifican la muerte o el grave sufrimiento de civiles.

- Presionar para que se apruebe lo antes posible y se aplique de forma rigurosa un Tratado sobre Comercio de Armas eficaz, a fin de evitar transferencias irresponsables de armas que aviven los conflictos y la pobreza o provoquen abusos graves de los derechos humanos.

- Frenar el cambio climático, alcanzando objetivos globales de emisiones de gases de efecto invernadero que permitan mantener el incremento global de temperaturas por debajo de los 2° C, y presionar en las actuales negociaciones de la ONU en favor de un acuerdo post-Kioto que resulte eficaz para reducir las emisiones globales de CO_2 en más del 50% en 2050 con respecto a los niveles de 1990.
- Dar prioridad, en las estrategias nacionales de adaptación al cambio climático, a los grupos más vulnerables. Los gobiernos con una mayor responsabilidad en el cambio climático, y con más recursos, deben proporcionar al menos 50.000 millones de dólares para ayudar a los países en desarrollo más vulnerables a adaptarse, incluyendo aquellos que se ven afectados por conflictos. Las estrategias nacionales de adaptación deben considerar cómo reducir el riesgo de conflicto, generando resistencia comunitaria y asegurando que el cambio climático no aumenta peligrosas desigualdades entre diferentes grupos.
- Alcanzar los Objetivos de Desarrollo del Milenio e incrementar la ayuda internacional para la reconstrucción después de los conflictos.
- Trabajar con las empresas nacionales y multinacionales para asegurar que siguen las prácticas empresariales sensibles al conflicto.

Agencias humanitarias y de desarrollo

- Evaluar de forma sistemática la 'seguridad de los programas' (analizándolos todos cuidadosamente, con la participación activa de los beneficiarios para evitar aumentar las amenazas que sufren y, si es posible, reducirlas).
- Seguir estrictamente las directrices establecidas por el Comité Permanente Inter-Agencias de la ONU para evitar la violencia sexual y darle respuesta cuando se produce.

Campaña local contra la violencia sexual en West Point en Monrovia, Libería (2007).

Principales acuerdos internacionales sobre protección de civiles en conflictos armados

Declaración Universal de Derechos Humanos de 1948

'Los seres humanos tienen derecho a la libertad de expresión y de creencias, a vivir libres del miedo y la pobreza… Todas las personas tienen derecho a la vida, la libertad y la seguridad'.

Derecho Humanitario Internacional, incluidos los Convenios de Ginebra de 1949 y sus Protocolos Adicionales de 1977

El derecho humanitario internacional está constituido por un sistema de salvaguardas legales para limitar el impacto de los conflictos armados. Busca proteger a las personas que no intervienen en los combates (incluyendo civiles y personal humanitario) y a aquellos que ya no pueden luchar (incluyendo soldados heridos y prisioneros de guerra), así como restringir los medios y métodos de guerra, incluyendo las tácticas militares que se pueden emplear legalmente.

El núcleo del derecho humanitario internacional lo constituyen los Convenios de Ginebra, incluyendo el 4º Convenio de Ginebra de 1949 sobre la Protección de Civiles en Tiempo de Guerra, y los dos Protocolos Adicionales de 1977.

El Comité Internacional de la Cruz Roja ha resumido la esencia del derecho internacional incluyendo estos puntos:

- Las partes en conflicto deben distinguir en todo momento entre la población civil y los combatientes, con el fin de preservar a la población civil y sus propiedades. No se puede atacar a la población civil en su conjunto ni a personas individuales.
- Los ataques sólo se pueden dirigir a objetivos militares. Las personas que no intervienen en las hostilidades o que ya no pueden combatir tienen derecho a que se respeten sus vidas.
- Ni las partes en conflicto ni los miembros de sus fuerzas armadas tienen un derecho ilimitado a elegir los métodos y medios de lucha. Está prohibido el uso de armas o métodos de guerra que puedan causar pérdidas innecesarias o un sufrimiento excesivo.
- Los prisioneros y los civiles que se encuentren bajo la autoridad del adversario tienen derecho a que se respeten sus vidas, su dignidad, sus derechos personales y sus convicciones políticas, religiosas o de otro tipo. Deben ser protegidos frente a todo acto de violencia o represalia.

La Responsabilidad de Proteger de 2005

La Responsabilidad de Proteger a las poblaciones del genocidio, la limpieza étnica, los crímenes de guerra y los crímenes contra la humanidad es un compromiso internacional de los gobiernos para evitar y reaccionar ante crisis graves, donde quiera que ocurran. En la Cumbre Mundial de la ONU de 2005, los líderes mundiales acordaron, por primera vez, que la Responsabilidad de Proteger a sus poblaciones recae de manera primordial en los Estados y que, cuando éstos no lo hacen, la comunidad internacional tiene la responsabilidad de actuar.

Originalmente, el concepto de Responsabilidad de Proteger fue propuesto en 2001 por una comisión internacional constituida por expertos de todas las regiones del mundo y financiada por el gobierno de Canadá, que estableció lo que se debe hacer para evitar las atrocidades en masa, pararlas con urgencia y reconstruir las sociedades tras sus secuelas.

En 2005, los gobiernos acordaron específicamente que:

'Cada Estado es responsable de proteger a su población del genocidio, los crímenes de guerra, la depuración étnica y los crímenes de lesa humanidad. Esa responsabilidad conlleva la prevención de dichos crímenes, incluida la incitación a su comisión, mediante la adopción de las medidas apropiadas y necesarias. Aceptamos esa responsabilidad y convenimos en obrar en consecuencia. La comunidad internacional debe, según proceda, alentar y ayudar a los Estados a ejercer esa responsabilidad y ayudar a las Naciones Unidas a establecer una capacidad de alerta temprana.'

'La comunidad internacional, por medio de las Naciones Unidas, tiene también la responsabilidad de utilizar los medios diplomáticos, humanitarios y otros medios pacíficos apropiados, de conformidad con los Capítulos VI y VIII de la Carta, para ayudar a proteger a las poblaciones del genocidio, los crímenes de guerra, la depuración étnica y los crímenes de lesa humanidad. En este contexto, estamos dispuestos a adoptar medidas colectivas, de manera oportuna y decisiva, por medio del Consejo de Seguridad, de conformidad con la Carta, incluido su Capítulo VII, en cada caso concreto y en colaboración con las organizaciones regionales pertinentes cuando proceda, si los medios pacíficos resultan inadecuados y es evidente que las autoridades nacionales no protegen a su población del genocidio, los crímenes de guerra, la depuración étnica y los crímenes de lesa humanidad. Destacamos la necesidad de que la Asamblea General siga examinando la responsabilidad de proteger a las poblaciones del genocidio, los crímenes de guerra, la depuración étnica y los crímenes de lesa humanidad, así como sus consecuencias, teniendo en cuenta los principios de la Carta y el derecho internacional. También tenemos intención de comprometernos, cuando sea necesario y apropiado, a ayudar a los Estados a crear capacidad para proteger a su población del genocidio, los crímenes de guerra, la depuración étnica y los crímenes de lesa humanidad, y a prestar asistencia a los que se encuentren en situaciones de tensión antes de que estallen las crisis y los conflictos.'

Un niño soldado en el Ejército congoleño (*Forces Armées de la République Démocratique du Congo*).

Nabil Elderkin

1

Introducción

En República Democrática del Congo (RDC), a 1.000 kilómetros de Kinshasa, Oxfam Internacional lleva a cabo un programa de salud pública dirigido a 410.000 personas. La mayoría son desplazados internos que han huido de un conflicto que, desde 1998, ha matado a 5,4 millones de personas.[32] La historia de Jean Dedieu es tristemente familiar.

> *Eran las 9 de la mañana. Estábamos en el campo a cuatro kilómetros de nuestra casa cuando oímos los disparos. Intentamos regresar, pero fue imposible porque se oían disparos por todas partes. Mataban a la gente. Finalmente, conseguí llegar a casa. Habían matado a mi madre, a mi padre y a mi hijo mayor.[33]*

La familia de Jean no fueron las únicas personas asesinadas aquel día. En 2004, año en que se realizó esta entrevista, en un día cualquiera morían en el país 1.225 personas a causa de la brutal guerra civil. Y no fue el año más sangriento.[34] En comparación, en Iraq el número de muertos en el periodo comprendido entre 2003 y 2006 era de 538 al día, según una de las estimaciones más elevadas.[35]

Las guerras olvidadas son igual de mortíferas que las que ocupan los titulares. En 2007, el conflicto en la isla de Mindanao (Filipinas) originó la mitad de desplazados que Darfur en ese mismo año. En 2006 y 2007, el conflicto de Sri Lanka provocó el doble de muertes entre los civiles que el de Afganistán.[36] Y en casi todos los conflictos, por cada persona asesinada, muchas más (hombres, mujeres y niños) son desplazadas o heridas, a menudo brutal y sexualmente. En la primera mitad de 2007, se registraron 4.500 ataques sexuales sólo en la región de Kivu Sur (RDC).[37] Ese mismo año, en Colombia hasta 4 millones de personas (el 9 por ciento de la población del país) permanecía desplazada, sin poder regresar a sus casas,[38] por haber huido de la violencia:

> *Cuando mi hijo tenía 12 años vio cómo asesinaban a su tío delante de él. No sabemos quién lo mató. Le cogieron y le ataron las manos a la espalda, le hicieron ponerse de rodillas y le cortaron la garganta con un machete justo enfrente de mi hijo.*

Efilvia P., Mestiza, Colombia[39]

¿20 años de paz?

El mundo tras la Guerra Fría

1989 ▶ Caída del muro de Berlín

Iraq invade Kuwait ◀ **1990**

1991 ▶ Una amplia coalición de países apoya la liberación de Kuwait liderada por EE UU

La guerra de los Balcanes se extiende a Bosnia-Herzegovina ◀ **1992**

1993 ▶ Los asesinatos del 'Black Hawk Derribado' conducen a la retirada de EE UU de Somalia

800.000 personas asesinadas en el genocidio de Ruanda ◀ **1994**

1995 ▶ La masacre de Srebrenica galvaniza la actuación internacional para poner fin a la guerra de Bosnia

1996

Canadá lidera las negociaciones internacionales sobre el Tratado de Ottawa para prohibir las minas terrestres ◀ **1997**

1998 ▶ Comienza el actual conflicto de la República Democrática del Congo

Campaña de la OTAN en Kosovo ◀ **1999**

2000 ▶ La Unión Africana declara su 'no indiferencia' ante los crímenes de guerra, el genocidio y los crímenes contra la humanidad

11 de septiembre y comienzo del actual conflicto en Afganistán ◀ **2001**

2002 ▶ Se establece la Corte Penal Internacional

Comienzan los conflictos de Iraq y Darfur, y acaba el de Liberia ◀ **2003**

2004 Los líderes mundiales acuerdan en la Cumbre Mundial de la ONU su Responsabilidad de

2005 ▶ Proteger a las personas del genocidio, los crímenes de guerra, la limpieza étnica y los crímenes contra la humanidad

La Asamblea General de la ONU vota el comienzo del proceso para negociar un Tratado Internacional sobre Comercio de Armas ◀ **2006**

2007 ▶ El Consejo de Seguridad mantiene su primera reunión para discutir cómo el cambio climático puede aumentar las amenazas para la paz y la seguridad internacionales

45.000 personas mueren cada mes en el conflicto de la República Democrática del Congo, según un nuevo informe ◀ **2008**

Nuevas y viejas guerras

Como en Colombia – y Mindanao y Sri Lanka – muchos de estos conflictos existen desde hace décadas. No son nuevos, y el que hayan llegado a ser tan prolongados, casi aceptados para muchos, es una de sus mayores tragedias. En estas guerras tan largas, el sufrimiento de millones de personas desplazadas es a menudo olvidado, incluso en sus propios países.

Pero algunas cosas *cambian*. Desde 2001, la 'guerra contra el terror' ha tenido su efecto en la mayoría de los conflictos. En 2006, el 63 por ciento de los nuevos refugiados procedían de los dos países que constituyen sus principales frentes, Iraq y Afganistán.[40] Ese mismo año, la invasión de Somalia por Etiopía, tolerada por muchos en Occidente, empeoró la crisis humanitaria que sufre el país e hizo que cientos de miles de civiles se vieran forzados a escapar de la violencia generalizada. Aunque la invasión de Etiopía apoyaba al Gobierno de transición de Somalia, sus soldados y los de sus aliados mataron a cientos de civiles somalíes, como en marzo de 2007 cuando intentaron desalojar a los insurgentes de las barriadas de civiles en Mogadiscio.[41]

Desde su punto de vista, la Administración estadounidense al emprender la 'guerra contra el terror' ejerce su obligación de proteger a sus propios civiles frente a la violencia terrorista. Sin embargo, la 'guerra' no ha terminado con la amenaza real de al-Qaeda y las redes relacionadas, sino que ha contribuido a incrementar la inseguridad y el sufrimiento de civiles. En 2008, Michael O'Hanlon, de la *Brookings Institution*, escribió que 'claramente hay situaciones en las que el punto de vista de la Administración Bush sobre cómo continuar la guerra contra el terrorismo –o cómo apoyar a los países que lo hacen– entra en conflicto con el objetivo de proteger la vida de civiles'.[42] En algunos países, como Colombia, la propia retórica de la 'guerra contra el terror' ha dificultado, en lugar de facilitar, la resolución de conflictos de larga duración. Después de décadas de conflicto, etiquetar como 'terroristas' a los grupos armados de oposición no ha contribuido a persuadirles para que cambien sus tácticas o respeten el derecho humanitario internacional.

Desde la muerte y el desplazamiento...

Con independencia de la etiqueta que se le ponga, el coste a largo plazo de los conflictos es la extrema pobreza para países enteros. A corto plazo, el coste es muerte y desplazamiento para millones de personas. En RDC, el 8 por ciento de la población ha sido asesinada, o ha muerto a consecuencia del hambre y las enfermedades provocadas por el conflicto.[43]

Lynsey Addario/Corbis

Más de una semana después de que fuera atacada en noviembre de 2005, la aldea de Tama en Darfur seguía ardiendo.

Otro 2 ó 3 por ciento ha abandonado sus casas para convertirse en refugiados en otros países o en desplazados dentro del suyo. En Darfur, según la mayoría de los informes, han muerto al menos 200.000 personas. Diez veces más han huido de la violencia desplazándose a cualquier otro lugar de Darfur o cruzando la frontera con Chad. En septiembre de 2007, sentada en el campo de refugiados de Djabal al este de Chad, una mujer, Hawaye, explicaba por qué. Contó su odisea a la escritora Mariella Frostrup, que la narró después:

> Su marido estaba fuera cuando llegaron los rebeldes y empezaron su tarea, acorralaron al ganado, quemaron las casas, mutilaron y asesinaron a hombres y niños, y por último el momento que se repite una y otra vez, uno de los jinetes se acercó y, con un machete, decapitó al bebé que tenía en sus brazos. No tuvo tiempo de llorarle. Los asesinos se la llevaron con ellos y la retuvieron como rehén durante 15 días, violándola repetidamente.[44]

Con demasiada frecuencia, los darfuríes no han escapado hacia la seguridad, sino a otro nivel de peligro. En 2007, Oxfam Internacional preguntó por sus vidas a hombres y mujeres de los campos de Darfur, donde proporciona ayuda a 400.000 personas. La respuesta se repetía con palabras similares: 'nos sentimos como prisioneros', [45] debido a las amenazas a las que se enfrentan cuando salen a recoger leña o agua, y porque sigue siendo demasiado peligroso dejar los campos y volver a sus hogares. Cuando se les preguntaba qué esperaban, la respuesta más común era simplemente 'necesitamos protección'.

... a la protección y la seguridad

La protección es el tema de este informe. Pero, ¿qué significa?, ¿cómo pueden las personas que se encuentran en medio de un conflicto protegerse a ellas y a sus familias o ser protegidas?, ¿qué se puede hacer para mitigar la violencia, y evitar y resolver los conflictos que causan la pérdida de tantas vidas de civiles? Intentaremos dar respuesta a estas preguntas en los siguientes capítulos.

El Capítulo 2 aborda las *diferentes* amenazas, y también las comunes, que afrontan hombres y mujeres, niñas y niños, y distintos grupos. Después se pregunta por la probabilidad de que esas amenazas se reduzcan o se incrementen. Se ha hecho habitual celebrar la reducción del número de conflictos desde que acabó la Guerra Fría, ignorando el riesgo de que se reaviven viejos conflictos y la amenaza de que el cambio climático socave la seguridad. La conclusión del capítulo es que –a menos que hagamos algo– tanto el número de conflictos como las amenazas que de ellos se derivan para los civiles pueden ir a peor.

Los millones perdidos de África

El coste de los conflictos 1990-2005

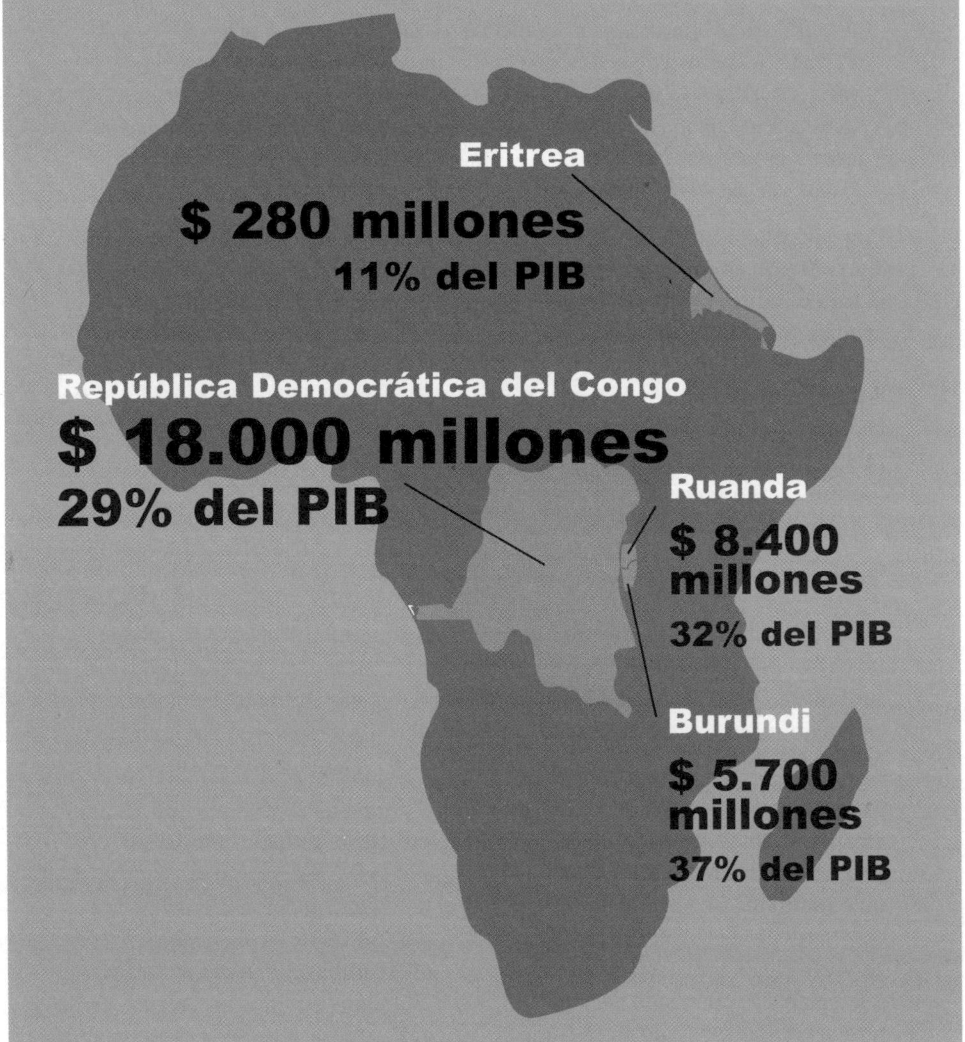

Eritrea

$ 280 millones
11% del PIB

República Democrática del Congo
$ 18.000 millones
29% del PIB

Ruanda
$ 8.400 millones
32% del PIB

Burundi
$ 5.700 millones
37% del PIB

Fuente: Oxfam Internacional, IANSA y Saferworld (2007) 'Los millones perdidos de África, Oxford: Informe de Oxfam Internacional

El Capítulo 3 muestra que algo se *puede* hacer, por la sorprendente razón de que ya se está haciendo. Existen muchos ejemplos a todos los niveles, desde las comunidades locales a la comunidad internacional, de actuaciones que han tenido éxito en la protección de los civiles.

El Capítulo 4 plantea la cuestión de por qué son ejemplos aislados y no la norma. Muestra que, también en todos los niveles, la gente *elige* matar civiles en lugar de protegerlos. Muestra cómo la 'guerra contra el terror' no sólo ha fracasado a la hora de frenar esta tendencia, sino que ha contribuido a ella. Todo ello en el contexto de un mundo en cambio. Expone que el 'viejo orden mundial' –un Consejo de Seguridad de la ONU sin reformar y EE UU como única superpotencia– ha servido de poco para proteger a los civiles, y que el nuevo mundo 'multipolar' que está emergiendo, con el fortalecimiento de China, India y otras potencias, y organizaciones regionales como la Unión Africana (UA) y la Unión Europea (UE), pueden hacerlo mejor, *si* las grandes potencias, las viejas y las nuevas, así lo deciden.

El Capítulo 5 establece una agenda realista para este nuevo mundo multipolar: acciones a todos los niveles para proteger a los civiles, desde un apoyo mucho mayor a las comunidades locales que trabajan sobre el terreno, a la reforma del Consejo de Seguridad de la ONU para hacer que, por primera vez en su historia, tenga que rendir cuentas de su actuación.

¿Por qué proteger a los civiles?

Antes que nada, plantearemos una cuestión: *¿por qué* debemos hacer más para proteger a los civiles, cuando el mundo se enfrenta a tantos otros retos apremiantes como el cambio climático o la proliferación nuclear?

No se trata sólo de reducir la pérdida de vidas de civiles. Proteger a los civiles beneficia a todos, con excepción de los criminales de guerra y los exportadores y comerciantes de armas irresponsables que hacen negocio con la guerra. A los países en desarrollo, porque los conflictos son la razón más importante por la que buena parte del África subsahariana y otros muchos países en otros lugares siguen atrapados en la pobreza. Y al mundo en su conjunto, porque los efectos de los conflictos se extienden por todo el globo de manera que ningún país, por muy rico que sea y muy distante que esté, permanece inmune.

Por el desarrollo

Para los países en desarrollo, el beneficio es claro. La mayor parte de los países que viven en paz han hecho enormes progresos en la reducción de la pobreza. Los que sufren conflictos no. En 2007, Paul Collier, profesor de economía en la Universidad de Oxford, escribió que el 73 por ciento de los 1.000 millones de

Martin Adler/Panos Pictures

Dani se acerca todas las mañanas a orar al lugar donde una vez estuvo el club nocturno Paddy en Bali, Indonesia. En 2002 fue bombardeado por los terroristas; 202 personas perdieron la vida, la mayoría turistas occidentales. Dani vendía baratijas a los turistas, pero desde hace tiempo no tiene quien le compre nada. Ha tenido que vender su anillo de bodas para poder alimentar a su familia.

personas más pobres del mundo sobreviven en países en guerra, o en países que la han sufrido recientemente y aún tienen que hacer frente a sus efectos. No es difícil ver por qué:

El coste para un país y para sus vecinos de una guerra civil típica se puede situar en torno a los 64.000 millones de dólares. En las últimas décadas, cada año han comenzado unas dos nuevas guerras civiles, de manera que el coste global ha superado los 100.000 millones de dólares anuales, o lo que es lo mismo, aproximadamente el doble del presupuesto global de la ayuda.[46]

El vínculo entre pobreza y conflicto no es automático: millones de pobres viven en países en paz, y a veces son los pobres, como también los ricos señores de la guerra, quienes encuentran un medio de vida en la violencia. Sin embargo, el reto de superar la pobreza es, en buena medida, el de superar la guerra. Son muchas más las personas que se empobrecen a causa de los conflictos que las que se benefician de la lucha o de la explotación de recursos naturales en las regiones asoladas por la guerra. Al mismo tiempo, el riesgo de conflicto aumenta con la pobreza, y sobre todo con las desigualdades entre diferentes grupos, que acaban explotando, como ha ocurrido en 2008 en Kenia, junto a factores religiosos o étnicos para fomentar el miedo y el odio entre comunidades. Cuando un grupo tiene un acceso desigual a los medios de vida y a los servicios, es muy fácil culpar a otro. La pobreza y las desigualdades hacen que los países sean más vulnerables ante crisis económicas y políticas, como cuando unas elecciones en disputa encienden la llama de la violencia. Es este círculo vicioso lo que hace que cualquiera de los países más pobres del mundo, no sólo aquellos que atraviesan frágiles situaciones post-conflicto, tenga una posibilidad entre seis de sufrir un conflicto armado en los cinco años que restan hasta 2013.[47]

Por la seguridad global

La mayor parte de los conflictos actuales tienen lugar dentro de un país. No obstante, tres cuartas partes de ellos son alimentados por armas extranjeras o por una u otra forma de intervención internacional. [48] Al mismo tiempo, ningún país del mundo es inmune a la inseguridad y las amenazas que se derivan de conflictos que tienen lugar a miles de kilómetros de distancia. Terroristas entrenados en un continente actúan en otro. El 95 por ciento de las drogas duras que circulan por el mundo proceden de países en guerra.[49] Desde Afganistán a Colombia, los conflictos generan refugiados que llegan a Europa, Australia y Norteamérica. Cualquier conflicto, dondequiera que se produzca, puede tener un impacto importante sobre la economía mundial. Según el economista y premio Nobel Joseph Stiglitz, la guerra de Iraq puede llegar a costar a la economía mundial hasta 6 billones de dólares, el doble que a EE UU.[50] En la década de los 90, cinco conflictos en lejanos países pobres, desde Somalia

Mathias John/Amnesty International

Campaña de Amnistía Internacional Alemania y Oxfam Alemania en favor de un Tratado Internacional sobre Comercio de Armas. Berlín, junio de 2006.

hasta Haití, tuvieron un coste para la economía mundial de 280.000 millones de dólares.[51] En 2005, un estudio realizó un cálculo de los costes para la comunidad internacional de seis crisis diferentes, desde Afganistán hasta Sudán, (con independencia de su coste para los países en conflicto y para sus vecinos), y lo comparó con el coste de medidas que la comunidad internacional podría haber tomado o aún podría tomar para prevenirlos. En cada caso, el coste de prevenir el conflicto era sustancialmente inferior.[52]

No hay conflicto, por muy lejano que sea el país, cuyo impacto no pueda afectar a la seguridad de todos los demás. En 2008, las crisis en Kenia y Tíbet atrajeron la atención por sus posibles implicaciones a escala continental o global.

Por nuestro propio interés moral

Hoy en día, gracias a los medios de comunicación globales y a Internet, no hay conflicto del que no sepamos absolutamente nada. Es por eso por lo que los electores pueden esperar que sus gobiernos contribuyan a prevenir las atrocidades que se difunden por todo el mundo gracias a las modernas tecnologías de la información, y no que se limiten sólo a condenarlas. Ya no es aceptable el tradicional 'realismo' político, por el cual en las relaciones internacionales se puede hacer caso omiso de la ética, al tiempo que la fuerzas motoras son el poder y el propio interés. Como escribió en 2003 Robert Cooper, director general de Asuntos Exteriores de la UE:

> Las doctrinas 'realistas' no son realistas... La política exterior se ve influenciada por los medios de comunicación y por los sentimientos morales. Ya no vivimos en un mundo de intereses meramente nacionales. Inevitablemente, los derechos humanos y los problemas humanitarios forman parte de nuestra política.[53]

De manera que, tal y como señalaba con pesar el ministro de Exteriores del Reino Unido en 2007, incluso los gobiernos de los países más ricos tienen, además de los intereses económicos y políticos, *intereses* morales en los conflictos existentes alrededor del mundo.[54] La magnitud de ese interés moral depende de la presión que ejerzan los ciudadanos sobre sus gobiernos para que protejan a los civiles en sus propios países y en el mundo. Desde Colombia hasta Uganda, esa presión ya la están ejerciendo las comunidades locales y la sociedad civil. En todo el mundo, campañas contra la guerra de Iraq, en favor de la paz en Darfur y para exigir el control del comercio de armas, representan la solidaridad con las personas que sufren en los conflictos. Unas veces tienen éxito y otras no. El reto ahora está en unificar toda esa acción y expandirla en un movimiento global en favor de los derechos de los civiles, de manera que el interés moral de los gobiernos se haga mayor.

OMBI KWA BABA WA TAIFA
LETU CONGO YA KIDEMOC
RASIYA

Mzee KABILA JOSEPHa: OMBI LANGU KADA
NKONGOMANI HALISI, NI KWANBA, TUME SUNBU
LIWA SANA NA UNA YA KILA SIKU,
HIVI, MZEE, IKUPENDEZE, KUTU TAFUTIYA ANANI,
TU, INCHINI MWETU, KWANI ANANI, NI
UTAJIRI, BASI AKSANTI NA KAZI
NJEMA. NI MKONGOMANI HALISI
ERICK = LUNGERE = SHABI TANWA

Nabil Elderkin

Un joven desplazado interno escribía en una carta al presidente congoleño Kabila: 'Mi petición a usted, como un congoleño normal y corriente: seguimos sufriendo cada día y nuestras vidas se han desbaratado. Querido presidente, lo único que queremos es que traiga la paz a nuestro país, porque la paz es riqueza.'

Porque la protección es un derecho

Sólo un movimiento global puede hacer que los gobiernos vean lo que algunos ya hacen: que su propio interés puede coincidir fielmente con la necesidad moral de respetar el derecho de los civiles a ser protegidos. Ese derecho incluye vivir sin miedo a sufrir genocidio, crímenes de guerra, limpieza étnica y crímenes contra la humanidad (así como cualquier violación del derecho humanitario internacional). En la Cumbre Mundial de la ONU de 2005, prácticamente todos los gobiernos aprobaron un acuerdo que reconoce su Responsabilidad de Proteger a los civiles de estos crímenes. Casi 60 años después de que en 1949 se aprobaran los principales Convenios de Ginebra, la Cumbre pedía una actuación inmediata y decisiva siempre que los civiles se vean amenazados; una actuación que con frecuencia ha faltado.

Pero la Responsabilidad de Proteger incluye también un compromiso de actuar antes de que tengan lugar esas atrocidades, *prevenir* los conflictos en los que con toda probabilidad acabarán produciéndose. Se requiere algo más que acción para detener el sufrimiento en Darfur, RDC y otros lugares. Hacen falta medidas tempranas y ambiciosas para prevenir la espiral que conduce a esas atrocidades.

La Responsabilidad de Proteger expresa el compromiso del mundo para prevenir y dar respuesta a los peores crímenes, y su principal valor añadido radica en dirigir claramente hacia ellos la atención del mundo. Sin embargo, esto sólo se puede lograr en un contexto más amplio de acción preventiva para construir lo que se ha venido a llamar cada vez con más frecuencia 'seguridad humana'. Un enfoque global para proteger a las personas de *todas* las amenazas –pobreza extrema, enfermedades mortales, degradación ambiental– tanto como de la violencia inmediata. Tal y como proclamó la Declaración Universal de Derechos Humanos en 1948, las personas tienen derecho a vivir libres de la pobreza y del miedo.

Ese enfoque global de la seguridad humana depende de la combinación de dos factores. El primero, Estados –y a través de ellos organismos regionales e internacionales– eficaces, que rindan cuentas y que cumplan su Responsabilidad de Proteger a sus ciudadanos tanto de la violencia inmediata como de la inseguridad a largo plazo generada por las desigualdades y la injusticia, que hacen más probable el estallido de conflictos. El segundo, una ciudadanía activa que intervenga en su protección y en la de sus familias, y que haga rendir cuentas a sus gobiernos.[55]

Marie Cacace/Oxfam

Campo Ndosho 2, un asentamiento espontáneo establecido en las afueras de Goma, República Democrática del Congo, por personas desplazadas (2007).

Escuchar a quienes viven en la inseguridad humana

Más importante que el sentido amplio de la seguridad humana es lo que quieren las personas que viven en situaciones de inseguridad. Antes que nada, los gobiernos y sus organizaciones, incluyendo el Consejo de Seguridad de la ONU, deben hacer más por preguntar a esas personas cómo quieren que se las proteja ante las diversas amenazas a las que tienen que hacer frente.

El Capítulo 2 analiza esas diferentes amenazas y muestra cómo el número de conflictos en los que mueren civiles, en lugar de seguir disminuyendo, tiende a aumentar.

"Hoy mi vida no significa nada. Mis hermanas fueron violadas y asesinadas. No tengo a nadie más. No tengo hijos. No tengo padres. No tengo nada. Sólo le pido a Dios que acabe con mi vida para poder encontrar la paz."

Tatiana Ume, una mujer congoleña, estaba embarazada de ocho meses y medio cuando ella y su familia fueron atacadas por las milicias en un puesto de control. El bebé murió antes de cumplir los 10 días.

Fuente: Amnistía Internacional (2004) 'Vidas y cuerpos de mujeres: las víctimas no reconocidas de la guerra' Londres: Amnesty International Publications.

2

Peligros reales y futuros

Para mejorar la seguridad, lo primero que hay que hacer es preguntar a las personas qué necesitan para estar más seguros. Desde Oxfam Internacional, preguntamos a personas de distintos lugares del mundo cuáles son los peligros a los que tienen que hacer frente, qué hacen para protegerse y qué les ayudaría a estar más seguros. Nos hablan de amenazas que van desde la muerte y la tortura a la violación y el secuestro de niños, y nos ayudan a comprender los diferentes miedos que sienten los mayores y los jóvenes, los hombres y las mujeres, y las diferentes comunidades étnicas o religiosas.

Este capítulo resalta esas diferentes amenazas para los civiles. Después analiza los derechos de protección frente a ellas que se supone que el derecho humanitario internacional debe proporcionar. Por último, nos preguntamos si en los próximos años este nivel de amenazas, y la escala de los conflictos armados, tiende a descender o a aumentar. ¿Va a continuar la reducción sustancial de conflictos que se ha producido desde el final de la Guerra Fría? ¿O la combinación de 'viejos peligros', como las desigualdades, y nuevos riesgos, como el cambio climático, va a suponer más conflictos en el futuro?

Las amenazas a las que las personas tienen que hacer frente

'Guerra contra las mujeres'

En Colombia, los paramilitares se llevaron un día a Elvia Rosa, una madre de 29 años. 'No la he vuelto a ver', dice su hermana. 'La ataron a un palo y la violaron durante todo el día. La torturaron hasta la muerte. Un vecino los vio por un camino cerca de la escuela llevándola con el palo... No se pudo hacer nada, ¿quién se iba a atrever a desatarla?'[56]

El desgarrador y extendido uso de la violación y la violencia sexual en los conflictos actuales ilustra, con más brutalidad que ninguna otra cosa, la diferente naturaleza de las amenazas a las que hacen frente las mujeres y los hombres. En 2007, el Consejo de Seguridad de la ONU reconoció que en muchos conflictos la violencia sexual ha llegado a ser 'sistemática'.[57] Ese mismo año, Oxfam Internacional preguntó a personas de 17 comunidades en el este de RDC sobre las amenazas que sufrían: 15 identificaron la violencia sexual como una de las más importantes.[58] En ciudades como Shabunda, siete de cada diez mujeres han sido violadas. No sorprende que los grupos de derechos humanos califiquen al conflicto de RDC como una 'guerra contra las

Guerrillera colombiana en la región de Meta, al sudeste de Bogotá (1998).

mujeres'.[59] A comienzos de 2008, había 1.200 ataques sexuales registrados al mes, y dadas las dificultades para recoger datos exactos, se trata probablemente de sólo una parte de la cifra real.[60]

Como la mayor parte de la violencia contra los civiles, los ataques sexuales rara vez son casuales. Bien al contrario, con frecuencia se utilizan como un arma para generar terror, una estrategia para humillar a las mujeres y destruir los lazos de toda su comunidad. Cuando se percibe que una mujer pertenece a un hombre, la violación es una estrategia para humillar al enemigo que se supone que la posee. Hoy, en Ruanda, hay 20.000 niños y niñas, ahora adolescentes, nacidos de madres tutsi violadas en 1994 por hombres hutu, en un intento de destruir la comunidad tutsi violando a 'sus mujeres'. Sin embargo, el uso de este tipo de violencia no se limita a los rebeldes o a quienes buscan el terror y el genocidio. Aquellos que tienen el deber de proteger perpetran algunos de los peores ataques. En Mutunba, Burundi, después de una emboscada de los rebeldes, los soldados gubernamentales atacaron a las mujeres locales. Chantal Manani fue una de ellas:

> El soldado me llevó a un matorral y me dijo que me tumbara y me desnudara, o nos dispararía a mí y a mi marido. Con mucha fuerza, me arrancó la ropa interior y me golpeó. Caí desnuda al suelo. Pocos segundos después estaba encima de mí.[61]

Vergonzosamente, personal humanitario y miembros de misiones de paz también han abusado de mujeres, bien atacándolas sexualmente o haciendo uso de su poder y pidiendo sexo a cambio de protección o comida. En 2006, había 371 casos registrados que alegaban explotación y abuso sexual por parte de personal de la ONU o relacionado con ésta.[62]

En 35 conflictos, hombres y niños también han sido violados, aunque las cifras son muy inferiores a las relativas a mujeres y niñas.[63] Al igual que las mujeres y las niñas, los hombres y los niños pueden enfrentarse a amenazas específicas por razón de su género. Su papel de protectores puede conducirlos al combate y a la muerte o a ser un objetivo, precisamente porque su identidad masculina convierte a cualquier hombre en un potencial combatiente. En 2007, en Darfur, la tarea de recoger leña recaía en las mujeres, en parte porque los hombres temían que los mataran, motivo por el cual exponían a las mujeres al riesgo de ser atacadas.[64]

Niños soldado – y niños muertos

En muchas zonas en conflicto, niños y niñas corren el riesgo de ser reclutados como soldados. En 2005, la cifra de menores soldado en Nepal, Sri Lanka, Uganda, Somalia, RDC, Ruanda y Chad ascendía a 250.000.[65] En 2008, el Gobierno iraquí mostró imágenes en las que se veían menores de tan sólo 11 años siendo entrenados por al-Qaeda.[66] En Colombia, una cuarta parte de la

Forzados a huir

2,65 millones

de nuevos desplazados en 2006

91%

de ellos escapaban de conflictos

Nota: 2,65 millones es el incremento neto en el número de refugiados y desplazados internos en 2006.
Fuente: ACNUR (2007) *Statistical Yearbook 2006*, Ginebra: ACNUR *Statistical Annex*. disponible en:
www.UNHCR.org/statistics. Observatorio de Desplazamiento Interno - IDMC por sus siglas en inglés - (2007)
'*Internal Displacement Global Overview of Trends and Developments in 2006*', Ginebra: IDMC (consultado en
junio de 2008).

guerrilla y de los combatientes paramilitares han sido niños.[67] En 2007, una revista colombiana publicó el historial de una niña soldado, encontrado en un ordenador de la guerrilla de las FARC (Fuerzas Armadas Revolucionarias de Colombia). 'Paola' había sido reclutada con 15 años, a una edad superior a la de otros muchos menores soldado en el mundo. Tras intentar primero desertar y luego suicidarse, y sufrir repetidos castigos, asesinó a otra guerrillera y finalmente murió luchando contra el Ejército colombiano.[68]

En todo el mundo son asesinados muchos niños y niñas soldado, pero son sólo una parte de los menores civiles que mueren en las guerras modernas. En 2005, la ONU estimó que dos de los tres millones de muertes relacionadas directamente con conflictos desde 1990, eran de menores.[69] Otros seis millones han sido mutilados o han quedado discapacitados para siempre,[70] y no es casualidad que la mayor tasa del mundo de muertes de madres y niños menores de un año se produzca en el país que sufre el conflicto más mortífero, la RDC.[71] Una madre, Siskala, contó a Oxfam Internacional cómo murieron sus hijos cuando escapaban de los combates:

> Cuando los niños murieron, no tuvimos tiempo de parar para enterrarlos. Tuvimos que dejarlos sobre el suelo, cubrirlos con hierba, y seguir corriendo.[72]

Obligados a huir

Cualquier persona es más vulnerable cuando se ve forzada a dejar su casa. Las mujeres tienen más probabilidad de ser violadas. Los niños pueden perder a sus familias, y las personas mayores o discapacitadas a menudo quedan atrás, expuestas al horror de los combates. María escapaba de la violencia en Ituri, RDC:

> Cada vez que parábamos oíamos los combates acercándose por detrás de nosotros. Nos seguían. Tuvimos que dejar a mi madre atrás. Era mayor, y no podía correr más. No podíamos llevarla a ella y a los niños. Tuvimos que dejarla en una casa. Cuando la milicia la encontró, la mató.[73]

Casi 40 millones de personas han tenido que escapar de sus casas y viven como refugiados en otros países,[74] o como desplazados internos en el suyo propio.[75] A muchos, como a María, los combates les persiguen cada vez que huyen. En 2006, dos de cada tres desplazados internos seguían expuestos a serias amenazas, una proporción que era el doble que en 2003.[76] En otras palabras, la mayor parte de las personas huyen de un lugar sólo para seguir pasando miedo en otro. A comienzos de 2008, muchas mujeres keniatas que habían huido a campos para desplazados se encontraron con el mismo riesgo de sufrir ataques sexuales dentro de los campos que fuera.[77]

Enero de 2008. Un joven palestino de la Franja de Gaza mira hacia el lado egipcio de Rafah por encima de lo que queda del muro. Después de que fueran derribadas partes del muro fronterizo, miles de ciudadanos de Gaza entraron en Egipto para comprar comida, gasolina y otros bienes que escaseaban a causa del estricto bloqueo impuesto por Israel.

Jason Larkin/Panos Pictures

Algunos desplazados regresan a sus casas, pero su número se ve compensado con facilidad por nuevos conflictos o por una escalada de la violencia en los ya existentes, lo que fuerza a millones de personas más a emprender la huida. Desde 2003, uno de cada siete iraquíes se han visto obligados a abandonar sus hogares.[78] En esta década, el factor que ha forzado a más personas a escapar de la violencia ha sido la 'guerra contra el terror'. En 2006, el 63 por ciento de los nuevos refugiados procedían de los dos países que constituyen sus principales frentes, Iraq y Afganistán.[79] A finales de 2007, cuando algunos refugiados iraquíes emprendían el regreso, el número de los que todavía se veían obligados a huir había alcanzado tal nivel que los países vecinos, y 11 de las 18 provincias iraquíes, habían restringido el acceso a nuevos inmigrantes.[80] Muchos países del Norte tampoco han respondido adecuadamente. Los refugiados iraquíes, al igual que los de otros muchos conflictos, se han encontrado en la mayor parte de los países del Norte con una dura recepción: más dura de lo que nunca hubieran esperado quienes buscan asilo. Se ha incumplido continuamente la Convención sobre Refugiados de 1951 que prohíbe el retorno por la fuerza de los refugiados. Entre septiembre de 2006 y septiembre de 2007, el Reino Unido retornó por la fuerza a 72 iraquíes,[81] a pesar de reconocer que las 'instituciones [estatales] de Iraq no han sido capaces de proteger a sus ciudadanos frente a graves violaciones de los derechos humanos.' [82]

Privados de ayuda[83]

Son millones las personas que necesitan ayuda de emergencia por haberse visto forzadas a abandonar sus medios de vida. Pero son también millones las que nunca la reciben porque la violencia de la que tratan de escapar les impide el acceso a la ayuda que necesitan. En 2004, 10 millones de personas no tuvieron acceso a la ayuda humanitaria porque las partes en lucha les privaron deliberadamente de ella, o por la intensidad de los conflictos.[84] En 2007, 18 millones de personas no tuvieron ningún acceso a la ayuda humanitaria, o lo tuvieron muy limitado, por razones similares.[85]

En junio de 2007, la creciente inseguridad obligó a Oxfam Internacional a retirarse de uno de los mayores campos de Darfur, Gereida, lo que afectó gravemente a la entrada de ayuda. Caroline Nursey, como directora de Oxfam Sudán entonces, dijo:

> Como es habitual en Darfur, quienes más van a sufrir son los civiles, que ya han sido atacados, se han visto forzados a abandonar sus hogares y tienen sus vidas sumidas en el caos.[86]

En los primeros nueve meses de 2007, fueron asesinados en Darfur cinco trabajadores humanitarios, 11 resultaron heridos, más de 60 fueron asaltados y más de 100 secuestrados.[87] En Afganistán, 34 fueron asesinados y 76 secuestrados.[88] En los cuatro años posteriores al 11 de septiembre,

Daños colaterales

En mayo de 2002, el gobierno de Uganda lanzó la operación Iron Fist contra el Ejército de Resistencia del Señor. La población de Acholiland, en el norte del país, fue obligada a abandonar sus casas: según el gobierno, por su propia seguridad.

48 horas

el tiempo que el gobierno concedió a los habitantes de Acholiland para desplazarse a los campos el 3 de octubre de 2002

2 millones

el número de personas desplazadas. La mitad de ellas menores de 15 años

94%

el porcentaje de la población de Acholiland desplazada

1.700

el número de personas desplazadas por hectárea en algunos campos, sin una provisión adecuada de agua, saneamiento o atención sanitaria

5.000

el número de personas que en 2005 morían cada mes en los campos. La tasa de mortalidad era tres veces la del resto de Uganda

Fuente: tomado de *Civil Society Organisations for Peace in Northern Uganda* (2006) '*Counting the Cost: Twenty Years of War in Northern Uganda*', Kampala: CSOPNU

se produjeron un 92 por ciento más de ataques a personal humanitario que en el periodo comprendido entre 1997 y 2001.[89] Esto se explica en parte por el hecho de que ha habido muchas más personas trabajando en las crisis humanitarias violentas del mundo, pero también porque algunos militantes islamistas y gobiernos occidentales han coincidido en presentar a las agencias internacionales de ayuda, incluido su personal local, como aliados en la 'guerra contra el terror', como dijo una vez el ex secretario de Estado estadounidense, Colin Powell, una 'fuerza multiplicadora' de los esfuerzos militares.

Los ataques al personal humanitario por motivos políticos han aumentado nueve veces más deprisa que los asaltos, aunque no siempre queda claro cuál ha sido exactamente la motivación política. Oxfam Internacional, por ejemplo, nunca ha logrado saber quién explosionó una bomba en el exterior de sus oficinas de Kabul a finales de 2005. Un estudio realizado en 2006,[90] resumía bien las dificultades:

> No todos, y quizás ni siquiera la mayoría de los ataques que se producen en Afganistán se pueden atribuir a la guerra global contra el terror... Muchos son oportunistas y criminales. Pero los propios insurgentes han dicho que el personal humanitario y los inspectores electorales serían objetivos porque los veían como instrumentos de la intervención de la coalición.

No hay duda, concluía, de que al menos algunos de los ataques al personal humanitario se produjeron porque, a ojos de los talibanes, las agencias humanitarias se han 'vinculado a una agenda mundial' y, consecuentemente, 'son objetivos'. Esta percepción de los insurgentes se ha visto intensificada por algunas de las tácticas de las fuerzas de la coalición, como el proporcionar ayuda vestidos de civiles y, en el caso de Afganistán, establecer Equipos Provinciales de Reconstrucción que combinan funciones de ayuda y militares. Cuando la relaciones entre las agencias humanitarias civiles y las fuerzas militares se hacen demasiado estrechas, los humanitarios se convierten en objetivos y sus operaciones se ven reducidas. Cuando ocurre esto, los civiles sufren la doble carga del conflicto y de la falta de ayuda. No sorprende entonces que las agencias humanitarias guarden celosamente su 'espacio humanitario' –su capacidad de actuar de forma independiente e imparcial– por su propia seguridad y para mantener su capacidad de proporcionar una ayuda necesaria para salvar vidas.

Atrapados en la pobreza, atrapados en los conflictos

El impacto de los conflictos armados va más allá de la violencia, los desplazados y la falta de ayuda humanitaria. En muchos conflictos, el número de muertos ocasionados directamente por la violencia queda empequeñecido por el de los que mueren a causa de los efectos indirectos de la guerra. En el norte de Uganda,

Kemal Pervanic (Bosnia) y
Grace Mukagabiro (Ruanda),
supervivientes de genocidio, en el
cementerio simulado erigido por
miembros de Oxfam en el exterior
de la sede de las Naciones
Unidas en Nueva York, para pedir
a los gobiernos la aprobación de
la Responsabilidad de Proteger a
los civiles frente a futuras
masacres (2005).

Fred Askew/Oxfam

entre enero y julio de 2005 fueron asesinadas 3.791 personas. Sin embargo, durante esos mismos meses en los campos para desplazados de Kitgum, Gulu y Pader murieron 35.000 personas, debido principalmente a enfermedades relacionadas con la pobreza, lo que supone una tasa de mortalidad tres veces superior a la media de Uganda. La mayoría vivirían si no hubieran sido desplazados por la guerra.[91]

Además, quienes cuidan de los que han huido se empobrecen. Según el personal humanitario, en 2007 había zonas en RDC en las que las familias que habían acogido a los desplazados internos tenían la misma necesidad de ayuda humanitaria que aquellos a los que daban cobijo.[92]

Cada año los conflictos tienen para los países afectados un coste de miles de millones de dólares que, en ausencia de conflicto, podrían haberse invertido en su desarrollo. Según una investigación realizada por Oxfam Internacional en 2007, los países africanos directamente afectados por conflictos habían perdido, desde 1990 hasta 2005, una media de 18.000 millones de dólares anuales; una estimación conservadora que no tenía en cuenta el impacto económico sobre los países vecinos. A pesar de ello, el estudio mostraba que, incluso una vez terminada la guerra, su impacto a largo plazo sobre la economía del país podía durar años. Liberia, por ejemplo, hasta 2007 no empezó a emerger gradualmente de la brutal guerra que finalizó en 2003. Su presidenta, Ellen Johnson-Sirleaf, comentando el estudio de Oxfam, dijo:

> *África no se puede permitir perder ese dinero. El precio que está pagando África podría cubrir el coste de resolver la crisis del VIH/sida en el continente, o proporcionar educación, agua y prevención y tratamiento para la tuberculosis y la malaria. Literalmente, se podrían haber construido miles de hospitales, escuelas y carreteras.*[93]

El empobrecimiento generado por la guerra no se limita a África. En Iraq, en los cuatro años posteriores a 2003, la tasa de malnutrición infantil se elevó del 19 por ciento al 28 por ciento.[94] En marzo de 2008, cinco años después de la invasión, el Comité Internacional de la Cruz Roja dijo que la atención sanitaria en el país estaba 'en peor estado que nunca'.[95]

Derechos en crisis

Hasta ahora, este capítulo ha abordado la forma en que los conflictos modernos afectan a los civiles, las personas con las que Oxfam Internacional trabaja en distintas partes del mundo. El resto del capítulo va a analizar las posibilidades de que la situación mejore o empeore.

Antes, sin embargo, recordemos por qué la violación endémica del derecho de cada persona a vivir libre de la violencia, la coerción y la privación deliberada es tan importante. Hace 60 años, en diciembre de 1948, se aprobaba la

Edificios destruidos por los repetidos e intensos bombardeos en Beirut, Líbano (2006).

Declaración Universal de Derechos Humanos. Pero para millones de personas, la aspiración de la Declaración a que todo el mundo pueda vivir 'libre del miedo y la pobreza', y su compromiso con los derechos universales a 'la vida, la libertad y la seguridad' no son más factibles ahora de lo que eran entonces.[96]

Un año después de la Declaración Universal, los gobiernos aprobaron los Convenios de Ginebra de 1949, el núcleo del derecho humanitario internacional, como símbolo de su determinación a dejar en un pasado irrepetible los horrores del Holocausto y la Segunda Guerra Mundial. El derecho humanitario internacional prohíbe no solo la violencia deliberada contra civiles y contra lo que los civiles necesitan para sobrevivir, sino también cualquier acción militar que tenga un impacto desproporcionado sobre los civiles.

Sin embargo, 60 años después la muerte de civiles sigue siendo la norma, no la excepción. Desde Sri Lanka hasta RDC, simplemente las fuerzas gubernamentales y los actores no estatales se burlan de la ley, o justifican los ataques interpretando los Convenios de Ginebra de una forma en la que sus autores nunca los hubieran reconocido. En octubre de 2007, el secretario general de la ONU Ban Ki-moon condenaba a algunos gobiernos por interpretar casi cualquier nivel de muerte de civiles como 'proporcionado' a sus objetivos militares:

> En lugar de tener en cuenta, como prevé el derecho humanitario internacional, sólo logros militares significativos y que sean consecuencia clara e inmediata de un ataque concreto, hay una tendencia a sopesar las bajas civiles frente a logros militares difícilmente perceptibles o que sólo podrán apreciarse en el largo plazo o como resultado de una campaña militar más amplia..

Podría estar refiriéndose al éxito difícilmente perceptible de las estrategias de contrainsurgencia en países como Afganistán, pero el ejemplo que puso fue este:

> Esta tendencia resultó evidente, por ejemplo, en la justificación del Gobierno israelí de las bajas de civiles causadas por su campaña militar contra Hezbollah en 2006, una campaña definida más tarde como... un claro ejemplo de uso excesivo, indiscriminado y desproporcionado de la fuerza.[97]

Ban Ki-moon condenó también a los insurgentes por sus 'ataques deliberados contra civiles, toma de rehenes, empleo de escudos humanos y otras prácticas ilegales.' De hecho, esas atrocidades y la respuesta desproporcionada de algunos gobiernos forman parte hoy en día del mismo problema. El secretario general de la ONU temía que 'las partes que tienen una superioridad militar respondan cada vez más con métodos y medios de guerra que violan el principio de distinción' (entre civiles y combatientes). El personal humanitario de Oxfam Internacional también observa esta tendencia, desde Gaza hasta Kabul, en la que *todas* las partes ponen en riesgo la seguridad de los civiles, los

"Mi esperanza es que, en el futuro, la Responsabilidad de Proteger no se ejerza después del asesinato y la violación de personas inocentes, sino cuando comienzan las tensiones en las comunidades y la inestabilidad política. La prevención, más que la reacción, es lo que puede dar pleno cumplimiento a nuestra responsabilidad compartida de acabar con los peores abusos contra los derechos humanos."

Desmond Tutu, arzobispo anglicano emérito de Ciudad del Cabo, Sudáfrica

Fuente: D. Tutu (2008) 'Taking the responsibility to protect', *International Herald Tribune*, 19 de febrero, www.iht.com/articles/2008/02/19/opinion/edtutu.php

de un lado escondiéndose entre ellos, los del otro prestando escasa atención a su protección en los ataques, y esto parece ir a peor. En 2007, Ban Ki-moon concluía diciendo que 'los ataques deliberados a civiles se han extendido en lugares como Afganistán, Iraq, Sudán, Somalia y RDC'.[98]

¿Dónde recae la responsabilidad?

Fundamentalmente, son los gobiernos nacionales quienes tienen la responsabilidad de proteger a sus ciudadanos. Y en los conflictos, *todas* las partes, incluyendo cualquier tipo de actor no estatal, tienen la responsabilidad de limitar sus acciones militares de acuerdo con lo establecido en los Convenios de Ginebra.

Las partes firmantes de los Convenios de Ginebra han suscrito también una obligación más universal, la de no sólo respetar, sino también *asegurar* el respeto de los Convenios, hacer lo que puedan para que se respeten en todo el mundo. En 2005, en la Cumbre Mundial de la ONU, los gobiernos reafirmaron el principio básico de que tienen que proteger y asegurar la protección de los civiles en todo el mundo. Casi todos los gobiernos acordaron su Responsabilidad de Proteger a su población del genocidio, los crímenes de guerra, la limpieza étnica y los crímenes contra la humanidad, así como la responsabilidad que tiene la comunidad internacional de ayudar a ello.[99]

La obligación que tienen los gobiernos de asegurar el respeto de cada uno de los aspectos del derecho humanitario internacional sigue vigente. El nuevo acuerdo sobre la Responsabilidad de Proteger se basa en esa obligación y añade un nuevo compromiso para parar y prevenir estos crímenes atroces. La responsabilidad recae en primer lugar en cada Estado con respecto a sus ciudadanos, pero el acuerdo de 2005 subraya el hecho de que las atrocidades en masa no son un mero asunto interno de cada país. Las miles de mujeres violadas en RDC, los niños asesinados en Iraq o los desplazados de Colombia sacuden la conciencia del mundo. Como decía el Acta Constitutiva fundacional de la UA en 2000, no debe haber 'indiferencia' ante los 'crímenes de guerra, el genocidio y los crímenes contra la humanidad'.[100] En 2005, casi todos los gobiernos del mundo lo aceptaron. Acordaron que la comunidad internacional tiene la responsabilidad de apoyar a los gobiernos nacionales en sus esfuerzos para proteger a sus ciudadanos, y que cuando las autoridades nacionales no son capaces o no tienen la voluntad de hacerlo, la comunidad internacional debe unirse para garantizar que esa responsabilidad se cumple.

Paz frágil

Entre 2000 y 2005

3 veces
por cada conflicto acabado por victoria militar, 3 conflictos finalizan por negociación

2 de cada 5
conflictos se reiniciaron dentro de los 5 años siguientes

Fuente: Human Security Centre (2008) 'Human Security Brief 2007', Vancuver: Simon Fraser University, p.35, utilizando datos de UCDP/Human Security Report Project Dataset, www.hsrgroup.org/index.php?option=content&task=view&id=111 (consultado el 2 de julio de 2008).

Un futuro incierto

Los gobiernos tendrán que dar cumplimiento a esa Responsabilidad de Proteger en un futuro que puede considerarse, cuanto menos, incierto. Aunque durante esta década han terminado algunas guerras, han comenzado otras nuevas como la de Iraq. El resto de este capítulo muestra que, en lugar de seguir descendiendo, es más que probable que el número de conflictos en los que mueren civiles aumente.

En 2008, una encuesta realizada a funcionarios gubernamentales y académicos de más de 20 países identificaba un amplio abanico de amenazas desde ahora al año 2020 –ninguna de ellas probable, pero todas posibles–, que van desde el uso por parte del 'megaterrorismo' de armas de destrucción masiva a un ataque nuclear entre dos países, pasando por el colapso de una serie de países, incluyendo Pakistán.[101] Sin embargo, la principal amenaza de guerra puede estar en la reactivación de viejos conflictos, en la medida en que millones de personas viven atrapadas en situaciones 'mitad guerra/mitad paz', como ocurre en RDC o en el sur de Sudán. En 2002, la firma de un alto el fuego terminaba supuestamente con el largo conflicto de Sri Lanka con los Tigres de Tamil, pero ni el gobierno ni los Tigres confiaban el uno en el otro ni creían que el acuerdo pudiera funcionar; en 2006, las acciones militares a gran escala y las bombas volvían a hacer acto de presencia. Lo ocurrido en Sri Lanka no es una excepción. Las situaciones post-conflicto no son ni seguras ni estables, sino frágiles y peligrosas. En cinco años, casi la mitad de los acuerdos de paz en el mundo han fracasado, reanudándose la guerra.[102] En la actualidad, este tipo de situaciones precarias son frecuentes precisamente porque se ha logrado poner fin a una serie de conflictos desde Aceh a Haití; suponen al mismo tiempo señal de éxito y causa de preocupación.

Pobreza y desigualdades

Sería optimista esperar que no se inicien nuevos conflictos. Según un estudio publicado en 2007, *cualquiera* de los países más pobres del mundo tiene una probabilidad entre seis de verse sumido en una guerra civil en los próximos cinco años.[103]

Los académicos debaten sobre los orígenes de la Primera Guerra Mundial desde hace casi 100 años. Las causas de futuras guerras son más difíciles de predecir, pero pueden estar tanto en las 'viejas' amenazas como en las nuevas. Lo que siempre ha incrementado el riesgo de conflicto, seguirá haciéndolo. Esto incluye la pobreza y especialmente las desigualdades, así como la discriminación de las minorías que puede convertir en conflicto las diferencias religiosas o étnicas. Cuando las personas no tienen esperanza de vivir en paz, sobre todo si es a causa de una situación de injusticia, pueden

Mina abierta de Kanga-Usine en Mongbwalu, en el noreste del Congo. Mineros artesanales se ganan la vida buscando oro en hoyos en el barro. La ONG Cáritas Bunia trabaja para proteger sus derechos y para asegurar que el desarrollo minero trae beneficios tangibles para la población local y para la economía congoleña (2006).

Richard Wainwright/CAFOD

optar por la violencia. Cuando el Estado no proporciona un acceso equitativo a los servicios básicos o a la tierra, los grupos rebeldes que sí los proporcionan pueden resultar atractivos. La exclusión de la población del proceso político y del desarrollo económico puede ser una combinación letal. Ninguna de estas tensiones causa automáticamente una guerra, pero los líderes políticos pueden explotarlas todas ellas, junto con el sentimiento de impotencia de los jóvenes, para incitarlos a la violencia.

A comienzos de 2008, Daniel Kiptugen, responsable de Paz y Reconciliación de Oxfam en Kenia, resumía así las raíces de la violencia que se había adueñado del país:

> Sí, la violencia tiene tintes étnicos, pero no es cierto que los grupos se hayan odiado siempre unos a otros. Esto lo han originado los políticos. Las verdaderas causas se enraízan más profundamente en la pobreza, la desigualdad y la frustración.

Son estos vínculos entre pobreza, desigualdad y violencia los que hacen probable que África subsahariana siga siendo el centro de conflictos mundiales. Y el actual fracaso en el cumplimiento de los Objetivos de Desarrollo del Milenio hace poco probable que, en base a las tendencias actuales, el número de conflictos alimentados por la pobreza y la desigualdad descienda con rapidez.

Luchar por los recursos naturales

Al mismo tiempo, los conflictos por los recursos naturales no han desaparecido. En 2007, en Níger estallaron de nuevo las rebeliones de los años 90, avivadas por el sentimiento de injusticia por la forma en que se habían distribuido los ingresos procedentes del uranio.[104] A menudo, las luchas por los recursos no se limitan a los llamados 'conflictos por los recursos', como los diamantes, sino que se libran por la tierra o el ganado. En Colombia, guerrillas y paramilitares fuerzan a la gente a abandonar sus tierras y, mientras el Gobierno carece de la voluntad de proteger los derechos de los pequeños propietarios, los terratenientes se hacen con grandes extensiones del país.[105] Cada año, miles de familias son asesinadas o privadas de sus tierras y de sus medios de vida, con escasas posibilidades de recurrir a la justicia. En 2007 se encontraron 105 cuerpos en fosas comunes en Putumayo, donde los paramilitares y las guerrillas que luchaban por la tierra para cultivar coca mataron a los campesinos locales.[106] En Pokot occidental, en el noroeste de Kenia, el ganado no es sólo un medio de vida fundamental, es también parte de su forma de vida; antes de que un hombre se pueda casar, debe tener un número considerable de cabezas de ganado. 'Como son pobres, buscan las vacas fuera de sus comunidades', explica Abraham, un pastor local. Asaltan para conseguirlas, incluso más allá de la frontera con Uganda. 'Como en Kenia no tenemos suficiente agua, la comunidad se traslada a las proximidades de

Clima de conflicto

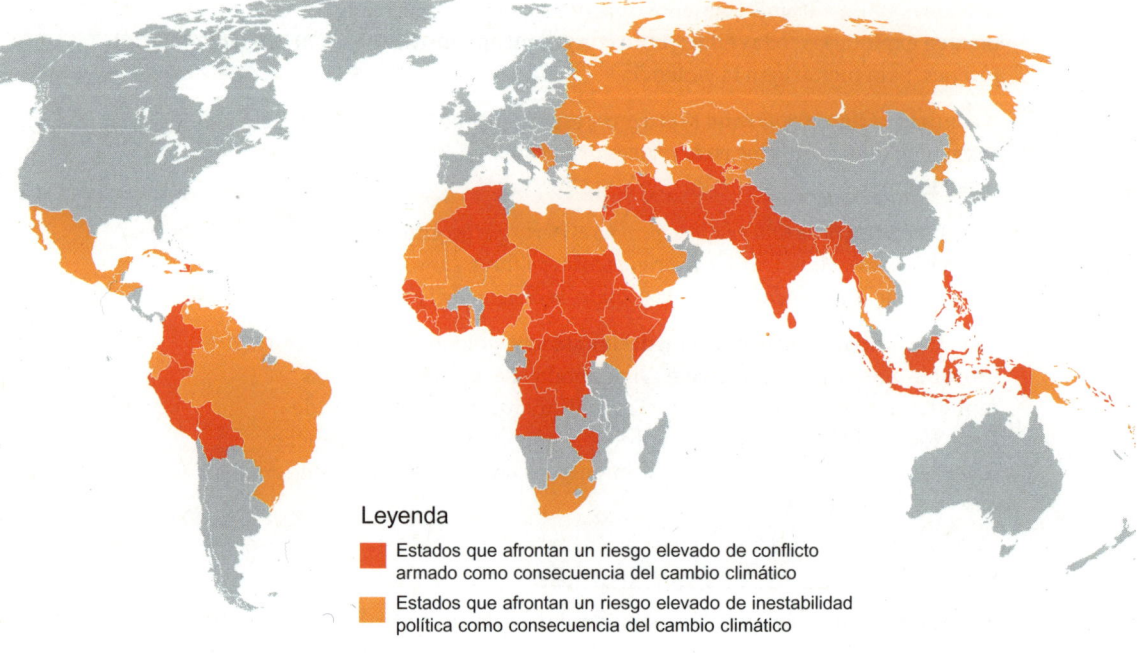

Leyenda

🟥 Estados que afrontan un riesgo elevado de conflicto armado como consecuencia del cambio climático

🟧 Estados que afrontan un riesgo elevado de inestabilidad política como consecuencia del cambio climático

Nota técnica

El Cuarto Informe de Evaluación del IPCC de 2007 muestra cómo el cambio climático tendrá efectos globales, de distintos tipos y con distinta intensidad. La investigación realizada por International Alert en 2007 identificaba 102 países* con riesgo de sufrir impactos sociopolíticos negativos significativos, utilizando 3 criterios de selección:

1. Su presencia en una serie de listas internacionales: la lista de Estados Frágiles del Ministerio de Desarrollo Internacional del Reino Unido, el Índice de 121 estados de Global Peace (las 50 últimas posiciones), la lista de 'CrisisWatch' del Grupo Internacional de Crisis, la lista del Banco Mundial de Países de bajo ingreso en dificultades;

2. La presencia de una fuerza de paz de la ONU;

3. La perspectiva de, o estar inmersos en, una transición económica o política (p. e. de una autocracia a una democracia o un cambio de liderazgo).

De este grupo de 102 países, 46 se considera que se enfrentan a un elevado riesgo de conflicto armado. Se trata principalmente de países que sufren o han sufrido recientemente un conflicto armado, un indicador fiable de propensión a una mayor violencia. Además, se utilizaron como criterios en la selección la debilidad de las instituciones de gobierno y la pobreza de los resultados económicos. Hay que tener en cuenta que el nivel de letalidad de los conflictos armados varía mucho, así como su alcance (local, nacional o regional).

* Se puede encontrar una lista completa de estos países al final de las referencias, en la página 44, del informe 2007 de International Alert (ver fuente).

Fuente: D. Smith y J. Vivekananda (2007). Adaptado del diagrama 'The Doubled-Headed Risk' en 'A Climate of Conflict: The Links between Climate Change, Peace and War', Londres: International Alert, www.international-alert.org/climate_change.php (consultado el 15 de noviembre de 2007).

Uganda en busca de pastos y agua. Cuando otra tribu llega a la vez en busca de lo mismo, luchan.'[107]

Aunque algunas empresas buscan mejorar la seguridad de los civiles, hay todavía mucha controversia sobre la conducta de otras. En junio de 2007, en un juicio en relación a una supuesta masacre ocurrida en 2004, un tribunal militar de RDC absolvió a tres empleados de la empresa australiano/canadiense Anvil Mining, cuyos vehículos habían sido utilizados en el incidente. Louise Arbour, Alto Comisionado de la ONU para los Derechos Humanos, condenó el uso de un tribunal militar para juzgar a civiles y expresó su preocupación por el veredicto.[108] El tribunal falló que los vehículos de la empresa habían sido requisados por soldados congoleños y, según Anvil, ellos acataron 'bajo la fuerza de la ley' la demanda del Ejército congoleño.[109] La controversia, sin embargo, continuó y, un año después del veredicto, grupos de derechos humanos africanos e internacionales pidieron a los Gobiernos de Australia, Canadá y Sudáfrica que prosiguieran las investigaciones contra Anvil o contra los nacionales gubernamentales mencionados en el juicio en RDC.[110]

En 2005, la ONU denunció que la apropiación de recursos naturales había sido la causa principal de una tercera parte de las guerras recientes,[111] y no es probable que estos incentivos para los conflictos desciendan. Como dijo Alphonse, un ciudadano de RDC: 'Cuando el motivo de la guerra es el dinero, es difícil pararla.'[112]

Inseguridad climática

El cambio climático inducido por el hombre está intensificando la variabilidad natural del clima, con efectos diversos. En unas zonas aumentarán las sequías y en otras las inundaciones. Allí donde los recursos vitales como la tierra o el agua escaseen, los grupos de poder podrán decidir distribuirlos de forma equitativa, o no hacerlo. Donde no lo hagan y los grupos desfavorecidos se vean privados de ellos, aumentará la probabilidad de estallidos de violencia. En Darfur, el cambio ambiental se ha gestionado de manera cruelmente errónea, de manera que unos grupos sufren mucho más que otros. Durante siglos, las comunidades se han enfrentado a conflictos por la tierra, los pastos y el agua pero, a medida que el medio ambiente ha cambiado, la situación se ha hecho cada vez más difícil. Los acuíferos no se han recuperado de las sequías de los años 60 y 80, provocando que muchas comunidades –incluyendo los pastores, tradicionalmente excluidos en Sudán de muchas protecciones legales y servicios sociales– se desplacen hacia el sur en busca de medios de vida más seguros. Este movimiento ha generado una mayor presión sobre los recursos.[113]

Pero la diferencia fundamental la marca la respuesta política al cambio ambiental. El fracaso de los gobiernos en la gestión de recursos escasos exacerba los conflictos locales tribales y políticos, alimentando el círculo vicioso de la

Mujeres de Apamulele adakar (grupo de pastores) en Kenia, realizando un viaje de un día con su ganado en busca de agua. Recorren unos 30 km para volver con agua para sus familias. En el futuro, estos grupos podrían tener que ir aún más lejos en su búsqueda de agua, con el riesgo de entrar en una mayor competencia con otros grupos (2002).

degradación ambiental. Cuando los grupos armados arrasan aldeas, generan demanda de madera –que ya es escasa– para reconstruirlas. Según un estudio realizado en 2007, si los desplazados de Darfur pudieran algún día volver a sus hogares necesitarían unos 16 millones de árboles para reconstruir sus casas.[114]

En todo el mundo, el cambio climático convertirá algunas áreas en menos habitables, aumentando en unos 200 millones el número de refugiados ambientales que huyen de la desertificación y las inundaciones; en 2010 la cifra podría alcanzar ya los 50 millones. Podrían parecer cifras alarmistas si no se recuerda que hoy en día unos 900 millones de personas ya se ven afectadas por la desertificación.[115] Algunas se desplazarán a zonas que ya sufren escasez de agua, alimentos y tierra, lo que aumentará el riesgo de conflictos. En Bangladesh, la presión ambiental ya ha tenido consecuencias violentas. En los últimos 20 años, al menos 5.000 personas han muerto en las luchas entre desplazados y grupos indígenas en la región montañosa de Chitagong (donde se han cogido tierras de los jumma para acomodar a los bengalíes llegados de las llanuras). Si, como se espera, de aquí al año 2100 el nivel del mar aumenta en torno a un metro, podría inundarse hasta una quinta parte del país. Millones de personas se verán forzadas a abandonar sus hogares. Si la intensa competencia por la tierra no se gestiona bien, las perspectivas de más violencia son reales.[116]

Según un informe realizado en 2007, 46 países, con una población total de 2.700 millones de personas, se enfrentarán a 'un riesgo elevado de sufrir un conflicto violento' debido al 'doble riesgo' que supone el hecho de que el cambio climático exacerbe las amenazas tradicionales a la seguridad. Otros 56 países, con una población adicional de 1.200 millones de personas, se enfrentarán a 'un elevado riesgo de inestabilidad política, con un peligro potencial de conflicto violento en el largo plazo.'[117] Si una parte de estos países no es capaz de gestionar la combinación de estas presiones, asistiremos a un aumento significativo del número de conflictos armados. Si estallan o no dependerá, al menos en parte, de que en el diseño de sus estrategias nacionales de adaptación al cambio climático se contemple el objetivo de reducir el riesgo de conflictos y desastres, y contribuir a estrategias eficaces de reducción de la pobreza y las desigualdades.

Proliferación de armas

A todos estos riesgos se añade un factor incendiario: la proliferación de armas –especialmente de armas ligeras– que contribuye a prolongar los conflictos y hacerlos más letales. Dicha proliferación se está abriendo paso. En 2006, el gasto militar mundial sobrepasó los mayores picos de la Guerra Fría,[118] y cada año hay que sumar entre 10.000 y 14.000 millones de nuevas municiones para armas ligeras.[119]

Algunos de los artefactos sin
explotar encontrados por un
batallón chino de la misión de
paz de la ONU en la ciudad de
Hiniyah en Líbano (2006).

UN Photo/Mark Garten

Desde África occidental hasta la UE se ha intentado contener esta proliferación mediante iniciativas regionales para el control de armas, que han empezado a dar resultado; aunque corren el peligro de verse sobrepasadas por cambios tanto en la tecnología como en la globalización de la industria del armamento. Hoy, 76 países fabrican munición para armas ligeras. Nuevos productores como India, Sudáfrica y Brasil son ahora importantes exportadores de armas. El armamento moderno se ensambla en un país –a menudo con un débil control de las exportaciones– con componentes hechos en otros muchos.[120]

Cada vez resulta más difícil para los gobiernos nacionales y las organizaciones regionales realizar cualquier control verdaderamente eficaz y, sin una regulación eficaz, no hay forma de asegurar que las armas no alimentan los conflictos y provocan más muertes. Algunas empresas, en su búsqueda de negocio, incluso violan la legislación internacional. En 2002, la compañía de vuelos charter Aerocom formó parte de una red de tráfico de armas que trasladó miles de AKs-47 desde Serbia hasta Liberia, contraviniendo un embargo de armas de la ONU.[121] Pero la transferencia irresponsable de armas y municiones, que hace que las armas lleguen a manos de grupos que asesinan civiles, es un problema de un alcance mucho más amplio que la ruptura de un embargo por estas empresas relativamente pequeñas. A los grupos armados de RDC se les han encontrado armas que, se cree, procedían de Alemania, Francia, Reino Unido, Bélgica, Sudáfrica, EE UU, Rusia, China, Egipto, Rumania, Bulgaria y Serbia.[122] En palabras de Urothi, un ciudadano del este de RDC:

> Ahora vemos muchas armas. Todas estas milicias tienen armas. Y pueden conseguir muchas más. Mientras tengan este suministro es muy difícil que veamos el final de los combates y de las muertes.[123]

El antiguo responsable de la ONU en RDC, general Patrick Cammaert, pudo comprobar la inutilidad de las operaciones de desarme si no se realiza al mismo tiempo un control del suministro de armas. 'Tenías la sensación' dijo en una conferencia de prensa organizada por la coalición Armas bajo Control en 2007, 'de que estabas secando el suelo mientras el grifo seguía abierto. Desarmabas a un grupo y a la semana siguiente tenía nuevas armas y municiones.'

Aunque debe quedar clara la necesidad de controlar todas las armas, las indiscriminadas, como son las bombas de racimo, implican una especial amenaza. Por ejemplo, meses después del conflicto entre Israel y Líbano en 2006, todavía hay partes del sur de Líbano llenas de bombas y proyectiles sin explotar.[124]

Jane Beesley/Oxfam

La percepción de un niño de la vida en Darfur. Dibujo realizado durante el trabajo sanitario de Oxfam en el campo de Kalma, en el sur de Darfur (2007).

Decidir proteger

Ante conflictos como los de Darfur, Iraq y tantos otros, muchas personas se compadecen de quienes los sufren, pero se sienten impotentes. Muchos gobiernos sienten lo mismo. Creen que es poco lo que se puede hacer. Se equivocan.

Nada de lo que hemos descrito es inevitable. Depende de qué decisiones se tomen. Algunos Estados y actores no gubernamentales *eligen* matar civiles, o llevan a cabo estrategias en las que, con toda probabilidad, morirán civiles. Unos gobiernos deciden proteger a sus ciudadanos. Otros no los protegen a todos, o no lo suficiente.

Una protección más eficaz de los civiles no dependerá sólo de la noble aspiración de un mundo libre del miedo, recogida en la Declaración Universal. Se apoyará en las buenas prácticas de algunos gobiernos, así como en sus éxitos y los de otros; también en los de los propios civiles. El capítulo 3 analiza ejemplos de buenas prácticas.

Ancianos de un comité de paz de la aldea de Isiolo en Kenia, debatiendo sobre la forma de resolver los robos de ganado y los asesinatos llevados a cabo por sus vecinos Samburu (2002).

3

Aprender de los éxitos

Los civiles son los primeros y los que más sufren la fuerza destructiva de los conflictos, pero también son con frecuencia quienes primero organizan formas de protegerse. Son muchos los que no se quedan sentados sufriendo la violación sistemática del derecho humanitario internacional que experimentan. Hacen algo para remediarlo. El éxito nunca es fácil, y rara vez completo. Pero hay grupos de civiles que, en distinto grado y en diferentes crisis, están consiguiendo resultados reales.

Protegerse a sí mismos

Al enfrentarse a un arma, la mayoría de las personas hacen lo que se les dice. En 2007, en RDC, Oxfam Internacional entrevistó a hombres y mujeres en el área de Beni en Kivu norte. En ocho de nueve comunidades, daban a los grupos armados lo que les pedían: bienes, dinero, cosechas, sexo o trabajo forzado. Pero incluso entonces, empleaban tácticas para reducir los riesgos. Las mujeres caminaban en grupos, y tanto hombres como mujeres limitaban su trabajo en los campos –a pesar de las consecuencias obvias– para reducir el riesgo de secuestro o violación.[125] A finales de 2007, una mujer, Mukishimana, hablaba a Oxfam de los peligros a los que todavía se enfrentaban, y de algunas de las tácticas que empleaban:

> *Para protegernos vamos en grupos. Hacemos que las viudas y las mujeres mayores que no tienen hijos nos acompañen. Como madre, tengo miedo por mis hijas. Van a trabajar a la plantación de bananas para tener algo que comer. Sé que no es seguro. Pero por un día completo de trabajo obtienen algunas bananas, lo que al menos es algo.*[126]

En el ocupado Banco Oeste, grupos de campesinos palestinos, conocidos como los Comités Populares contra el Muro, recusaron la ubicación del 'muro de seguridad' de Israel, para que no les bloqueara el acceso a los mercados donde vendían sus cosechas. Y ganaron en un tribunal israelí. Uno de sus miembros, Hifthi Hourani, explicó cómo lo hicieron:

> *Con 40 manifestaciones, y visitas de un montón de delegaciones internacionales, Israel se vio forzado a cambiar la ruta del muro en Tulkarem... dejando las aldeas de Baqa Sharqiya, Nazlet Issa y Nazlet Abu Nar libres de ser encarceladas.*[127]

Organizaciones nacionales de la sociedad civil, como *PeaceNet* en Kenia, pueden jugar también un papel fundamental incluso en las circunstancias más difíciles. Financiada por Oxfam, gestionaba un 'Centro Neurálgico SMS' en

Leslie Knott

Las niñas de un campo de refugiados en Jalalabad, Afganistán, aprenden fotografía como parte de un proyecto de Oxfam. Toman imágenes en las que muestran su visión del acceso al agua, la atención sanitaria, la educación y los medios de vida (2008).

Nairobi que recopilaba mediante mensajes de texto información sobre potenciales ataques y avisaba inmediatamente a los Comités de Paz y Seguridad locales que, al menos en algunas circunstancias, pudieron intervenir con rapidez para evitarlos. Por ejemplo, el 28 de enero de 2008 después del asesinato de un miembro del Parlamento en Nairobi, un equipo interceptó a una banda de jóvenes que se dirigía a atacar a otra comunidad, logrando persuadirles para que se dispersaran.

Mujeres trabajando por la paz

Incluso una vez que un conflicto ha terminado, las personas pueden seguir enfrentadas a la violencia y al sufrimiento y encontrar formas de superarlos. Después del genocidio de Ruanda de 1994, cuatro de cada cinco mujeres han sufrido durante años un trauma psicológico,[128] pero un grupo de viudas creó una organización de auto-ayuda, AVEGA, para proporcionar apoyo social, médico y psicológico. Como dijo una de sus integrantes:

> Con escasa ayuda del gobierno y de las autoridades locales, teníamos pocas más opciones que reconstruir nuestra nación y tratar de curar las heridas nosotras mismas.[129]

Con frecuencia, las mujeres son especialmente activas. Al otro lado de la frontera, en la provincia de Karuzi de Burundi, una mujer tutsi preocupada por los asesinatos tanto de tutsis como de hutus invitó a quince mujeres tutsi y quince hutu a su casa. Juntas crearon el grupo *Habamahoro*: las mujeres hutu se ocupaban de sus hermanos, las tutsi hablaban con los hombres tutsi, denunciaban a cualquiera que cometiera actos violentos.[130] En Uganda, mujeres 'animadoras de paz' han formado a otras mujeres para que, inspirándose en su propia experiencia en situaciones de violencia armada, gestionen los conflictos entre las comunidades y dentro de ellas.[131] En África occidental, cuando miles de refugiados entraron en Guinea desde Liberia y Sierra Leona, fueron las mujeres de la Red de Paz de Mujeres del Río Mano las que mediaron para evitar el estallido de un conflicto.[132] Como reconoció el Consejo de Seguridad de la ONU cuando aprobó, en el año 2000, la resolución 1325 sobre el papel de las mujeres en los conflictos, la especial eficacia de las mujeres en la resolución de conflictos parece ser algo universal.

Hacer que el Estado rinda cuentas

Algunas veces, los ciudadanos desafían a las autoridades cuando no les protegen. En Chocó, Colombia, los civiles evitaron la expansión de una política que aumentaba el riesgo de que fueran atacados. El proyecto del Gobierno de los 'Guardianes del Bosque' pagaba a los civiles para que facilitaran información sobre la producción local de coca, aparentemente.[133]

El contingente de India de la misión de Naciones Unidas para Liberia, integrado en su mayoría por mujeres, a su llegada a Monrovia para comenzar su mandato (2007).

Eric Canalstein/UN Photo

En realidad, se producía poca coca. A los ojos de las guerrillas, la medida ponía a los civiles a sueldo del Estado, implicándoles en el conflicto. Como dijo en 2007 un hombre, 'si lo hubiéramos hecho nos habrían matado a todos.'[134] Se habían apuntado mil 'guardianes' y el Gobierno quería mil más. La población local protestó y sus representantes, acompañados por Oxfam, presionaron con éxito al Gobierno colombiano. El proyecto de los 'Guardianes del Bosque' continúa, pero esta expansión se paró.

De todos modos, ni los civiles ni la sociedad civil en su conjunto pueden hacerlo todo por sí mismos. Son los Estados quienes tienen en primer lugar la Responsabilidad de Proteger a sus ciudadanos. Algunos tienen una capacidad muy limitada para ello, pero incluso con unos recursos mínimos deciden hacer lo que está en su mano. Hay ejemplos de buenas y de malas prácticas, algunos en países que están saliendo de los conflictos más viciados.

El liderazgo de los gobiernos nacionales

Liberia se ha caracterizado por altísimos niveles de violencia: asesinatos, amputaciones y quizás el mayor nivel de violencia sexual del mundo. Según un estudio, durante el conflicto que finalizó en 2003 el 74 por ciento de las mujeres y niñas fueron violadas.[135] Como en muchas situaciones post-conflicto, parte de esa violencia continúa. En 2007, la Asociación de Mujeres Abogadas de Liberia aún recibía información de hasta seis violaciones diarias.[136] La presidenta Johnson Sirleaf estableció un Plan de Acción Nacional sobre violencia de género que incluye reformas de los sistemas legal y sanitario, mejor formación y gestión de los casos, apoyo psicológico para las supervivientes, y programas económicos y sociales para mujeres y niñas.[137]

Pero se necesita hacer mucho más. Los liberianos empobrecidos de comunidades remotas aún no tienen acceso a una reparación cuando sus derechos son violados, porque el sistema de justicia es muy débil y porque, simplemente, desconocen la legislación. Estas enormes dificultades prácticas generan una 'cultura de la impunidad' a la que todavía hay que hacer frente, a pesar de los avances logrados en algunos aspectos.

Fue la nueva presidenta quien dio prioridad a la lucha de Liberia contra la violencia sexual. En distintas partes del mundo, los gobiernos han aprendido de la experiencia y han cambiado estrategias para mejorar la protección de sus ciudadanos. En 2006, Uganda reconoció que nunca acabaría con la rebelión del Ejército de Resistencia del Señor (ERS) sólo con la acción militar, ni protegería de ella a los civiles, por lo que llegó a un acuerdo de Cese de las Hostilidades con el ERS.

Simon Maina/AFP/Getty Images

El presidente de Kenia Mwai Kibaki (a la izquierda) y el jefe de la oposición Raila Odinga (a la derecha) firman un acuerdo el 28 de febrero de 2008 en Nairobi, por el cual Odinga se convertía en primer ministro. Les observan el presidente de Tanzania Jakaya Kikwete, el jefe de la mediación Kofi Annan y el antiguo presidente de Tanzania Benjamín Mkapa.

En los primeros doce meses después del alto el fuego, los ataques del ERS descendieron a una media de cinco al mes,[138] y 900.000 desplazados pudieron emprender el viaje de regreso a sus hogares.[139] En buena parte del norte de Uganda, hombres, mujeres, niños y niñas viven aún con miedo a la violencia, y sólo un acuerdo político puede asegurar una paz duradera. En el momento de escribir este informe, el proceso de Juba seguía tratando de avanzar en esa dirección. Un estudio llevado a cabo por Oxfam Internacional en 2007 mostraba que el 60 por ciento de los desplazados pensaba que desde el alto el fuego la vida se había vuelto más pacífica. Una mujer del campo de Madi Opei dijo a Oxfam:

> *Estamos mejor ahora. Podemos ir a los campos y enviar a nuestros hijos a coger agua a los pozos. Y no hay secuestros.*[140]

El valor añadido de las organizaciones regionales

En Liberia y en Uganda, los avances se basan en que los gobiernos han optado por estrategias que dan una prioridad alta a la protección de sus ciudadanos. Algunos gobiernos se esfuerzan en ello con la mejor voluntad. Las organizaciones regionales como la UA y la UE, la ONU y la comunidad internacional en su conjunto deben compartir esa responsabilidad, apoyando a los gobiernos más directamente afectados.

Algunas veces, entre los gobiernos nacionales y sus oposiciones armadas hay tal falta de confianza y tal grado de temor que no pueden negociar por sí solos una solución pacífica. Las organizaciones regionales y otros actores pueden a veces mediar con éxito y ayudar a encontrar una solución que de otra forma no sería posible. La mediación de Nelson Mandela en Burundi en 1999, seguida por la del vicepresidente de Sudáfrica, Jacob Zuma, en 2003, resultaron cruciales para reducir la violencia en Burundi y permitir el retorno de decenas de miles de refugiados.[141] En 2004 y 2007, fue la mediación de la Comunidad Económica de Estados de África Occidental (ECOWAS en sus siglas en inglés) la que redujo la peligrosa tensión existente tanto en Togo como en Guinea. En 2008, Kofi Annan ayudó a consolidar el acuerdo entre los líderes políticos rivales de Kenia, tanto como 'anciano' africano como en su papel de antiguo secretario general de la ONU. En palabras de algunos analistas, como Thelma Ekiyor del *West Africa Civil Society Institute*, es el trabajo inesperado de algunos líderes africanos y organizaciones regionales que ya están cumpliendo con su Responsabilidad de Proteger.[142] Se suma al creciente éxito de otras mediaciones de paz recientes. Entre 2000 y 2005, se resolvieron diecisiete guerras gracias a mediaciones de paz, mientras que sólo cuatro acabaron mediante una victoria militar; lo que da la vuelta al saldo de la mayor parte

Tropas nigerianas, integrantes de la misión de la Unión Africana en Darfur, patrullan en Labado (2007).

Paul Jeffrey/ACT-Caritas

del siglo XX, en el que la forma más habitual de poner fin a una guerra era simplemente ganarla.[143]

Otras veces, los gobiernos nacionales deciden no cumplir el derecho humanitario internacional. Por ello, las organizaciones regionales y otros actores deben estar preparados para utilizar una diplomacia temprana y firme, así como sanciones e incentivos para persuadirles.

Y otras veces los gobiernos nacionales simplemente tienen que hacer frente a problemas de seguridad que se extienden más allá de sus fronteras y que es imposible que resuelvan por sí solos. Organizaciones regionales como ECOWAS en África occidental y SADC (siglas en inglés de la Comunidad para el Desarrollo de África del Sur), así como el proceso de Nairobi para África oriental, por ejemplo, han empezado al menos a dar pasos para controlar la proliferación de armas a través de las fronteras nacionales. Ninguna de ellas es perfecta, pero son ejemplos de organizaciones regionales que empiezan a abordar los desafíos a la seguridad que los gobiernos no pueden afrontar por sí mismos.

De igual modo, la Misión de la Unión Africana en Sudán (AMIS, en sus siglas en inglés), la primera operación importante de la UA, está lejos de ser perfecta. Pero sin ella el conflicto en Darfur habría sido aún peor. En un principio, AMIS mejoró significativamente la protección de muchos darfuríes. Al menos en algunas zonas de la región, una o dos veces a la semana los soldados de la UA patrullaban las áreas a las que se desplazaban las mujeres para coger leña, y evitaban algunos de los ataques.[144] Pero después de dos años sin recibir suficiente apoyo de la comunidad internacional, AMIS se encontraba sin recursos suficientes y su personal era a menudo incapaz de protegerse a sí mismo, con lo que sus resultados se redujeron de forma considerable. Después, miembros de Oxfam Internacional oyeron quejas de hombres y mujeres desplazados que decían que algunas tropas de la UA eludían los problemas y no investigaban los ataques.[145] Ahora, en 2008, la UA acumula una mayor experiencia como parte de la misión mixta de la ONU – UA en Darfur y está desarrollando lentamente, más allá de Darfur, la confianza y la capacidad para dar pasos más eficaces para reducir los conflictos.

Estas misiones militares rara vez son la mejor forma de proteger a los civiles, y fracasarán siempre a menos que formen parte de una estrategia más amplia que aborde las causas políticas y económicas del conflicto. Sin embargo, por su elevado coste, son el mejor indicador de la voluntad de las organizaciones regionales y los gobiernos extranjeros de apoyar la protección de los civiles en otros países. Aunque el apoyo del Norte a la misión de la UA en Darfur no fue el adecuado, sí hay ejemplos positivos en los que los gobiernos del Norte, las organizaciones regionales y otros actores han proporcionado un complemento vital a lo que los gobiernos afectados por los conflictos podían hacer y han

Una mujer carga con bananas mientras los soldados polacos de la fuerza conjunta de la UE y el Congo patrullan las calles de Kinshasa (2006).

Issouf Sanogo/Getty Images

asumido el liderazgo de los esfuerzos internacionales para apoyarles. En 2006, por ejemplo, Australia ayudó a las autoridades de Timor Leste a parar la espiral de violencia, y la UE y la ASEAN (Asociación de Naciones del Sudeste Asiático) llevaron a cabo con éxito una misión de supervisión en Aceh, Indonesia.

África y Europa, ¿socios para la paz?

El apoyo de la UE a la UA en Darfur no ha sido desde luego tan bueno como cabría esperar. La financiación ha sido relativamente generosa, pero contribuciones más difíciles en el ámbito político, como proporcionar helicópteros europeos, no se han materializado. Sin embargo, la creciente asociación entre la UE y la UA en materia de paz y seguridad, desarrollando la capacidad de la UA de prevenir y responder a futuras crisis, está siendo cada vez más importante. En RDC, la UE ha contribuido a reformar los servicios de seguridad del país, y ha enviado sus tropas en dos ocasiones: en 2003, para parar la espiral de violencia en Bunia, y en 2006, para ayudar a las autoridades a completar con éxito las elecciones. Ambas actuaciones tenían un claro valor añadido con respecto a la misión de mantenimiento de la paz de la ONU presente en el país, porque la mayor parte de los integrantes de ésta no tienen tan buen nivel de formación o tan buen equipamiento. No se trata del modelo ideal para el futuro; las operaciones de mantenimiento de la paz de la ONU deben contar con la adecuada formación y equipamiento. Pero mientras los países con una mayor capacidad militar se nieguen a comprometer un número significativo de tropas para las misiones de la ONU, se mantendrá este valor añadido de la UE y de otros actores.

Ese valor añadido también se apoya en el mutuo interés de la UA y la UE. África necesita a la UE porque, a pesar de la historia de explotación europea del continente, la UE es un modelo de organización regional que ha construido la paz en Europa mediante la expansión de la prosperidad. Y la UE necesita a la UA porque, debido a su proximidad geográfica, Europa será la primera en sentir los efectos si la UA fracasa en el objetivo de construir la paz y la seguridad en África.

En 2007 acordaron el primer Plan de Acción, que abarca de 2008 a 2010, para poner en marcha su Asociación Estratégica entre África y la UE en una serie de temas que van desde el comercio a la gobernabilidad y, en lo que a conflictos se refiere, lograr el pleno funcionamiento de la Arquitectura para la Paz y la Seguridad en África. Esto supone apoyar toda una serie de iniciativas, que incluyen el Sistema Continental de Alerta Temprana de la UA, el Grupo de Sabios y la Fuerza Africana de Intervención (en su dimensión militar y civil).[146]

El Consejo de Seguridad de
Naciones Unidas durante una
reunión sobre la protección de
los civiles en los conflictos
armados, 2007.

Devra Berkowitz/UN Photo

No obstante, las estructuras de la UE y de la UA son mejorables. La UE a menudo ha sido lenta o ha estado dividida, como en el caso de Oriente Medio. En Darfur, su Fondo de Apoyo a la Paz en África no resultó adecuado para proporcionar una financiación predecible para la UA. En el periodo de vigencia de este Plan de Acción (hasta 2010) debe encontrar un sistema mejor, al tiempo que trabaja con la UA para presionar a la ONU para que establezca un mecanismo en el que la UA pueda realmente confiar.

Francia ha encabezado todas las misiones de alto perfil de la UE, desde las de RDC en 2003 y 2006 a EUFOR en Chad en 2008. Ahora la UE tiene la oportunidad, bajo la presidencia francesa durante la segunda mitad de 2008, de definir su papel a escala global de forma más clara que nunca. Se puede revisar la Estrategia de Seguridad Europea, aprobada en 2003, para asumir el papel de la UE en el cumplimiento de la Responsabilidad de Proteger, no sólo en África.

Esa Estrategia ya va más allá de África. Las 16 misiones que la UE ha llevado a cabo en diferentes conflictos entre 2003 y 2007 se han extendido desde Macedonia a Palestina, pasando por Afganistán e Indonesia, así como África, en apoyo de autoridades nacionales y otras organizaciones regionales como ASEAN y la UA. No obstante, como han mostrado sus respuestas a las crisis de Darfur y Chad, la UE no ha superado todavía la lentitud y los desacuerdos que hasta la fecha han desfigurado la política exterior común europea.

En el momento de escribir este informe, la futura estructura de la política exterior de la UE no está completamente clara. Para muchos requiere un nuevo alto representante para asuntos exteriores con más poder, que combine competencias que han estado divididas entre diferentes puestos, y con un nuevo Servicio de Acción Exterior a su disposición. En lo que todos están de acuerdo es en que es hora de que la UE despliegue su potencial para proteger a los civiles en todo el mundo.

El papel del Consejo de Seguridad de la ONU

Una de las razones por las que la UE, la UA y otras organizaciones regionales tienen un auténtico valor añadido es la débil gobernabilidad a escala mundial. Si el Consejo de Seguridad de la ONU no hubiera estado paralizado por la actuación de sus miembros permanentes en defensa de sus aliados e intereses, y si la ONU tuviera acceso a personal para el mantenimiento de la paz con el equipamiento y la formación de las principales potencias militares, no habría hecho falta que la UA o la UE impusieran sanciones a los gobiernos que atacan a sus propios ciudadanos, ni que la UE desplegara tropas para respaldar misiones débiles de la ONU.

Un trabajador de Landmine Action desactivando minas en las montañas de Nuba, Sudán, 2003.

Landmine Action

De manera que, aunque son elementos clave del sistema internacional reconocidos en el Capítulo VIII de la Carta de la ONU, la importancia de la UA, la UE y otras organizaciones regionales reside en parte en el reconocimiento de que, bajo las condiciones actuales, la ONU no puede hacer todo lo que originalmente se pretendía. Pero esto no significa que no se hayan producido mejoras importantes en el sistema de las Naciones Unidas.

En 2006, el Consejo de Seguridad determinó que el mandato de todas las futuras misiones de paz de la ONU debería incluir disposiciones para la protección de civiles en peligro inminente, incluyendo la violencia sexual.[147] El Consejo reconocía finalmente que estas misiones deben hacer algo más que mantener la paz entre las partes enfrentadas o supervisar una paz frágil. Deben hacer todo lo posible para proteger a los civiles de la muerte y la violación. Deben aplicar de forma efectiva la resolución 1325 del Consejo de Seguridad que insta al personal de mantenimiento de la paz de la ONU a abordar las amenazas específicas que afrontan las mujeres. Tradicionalmente, las tropas puestas a disposición de la ONU carecían de la adecuada formación o equipamiento para cumplir su función. Proteger a los civiles es sólo uno de los muchos objetivos de una misión de la ONU. Pero esto también está empezando a cambiar. En 2007, la ONU desarrolló una doctrina militar que pone en práctica el objetivo de proteger a los civiles. Cuando han transcurrido 60 años desde la primera misión desplegada en Palestina en 1948, el cuerpo de paz de la ONU es mayor que nunca, contando con 83.000 militares y cerca de 20.000 civiles a finales de 2007;[148] nunca antes ha tenido tanto potencial para ser más eficaz.

Ese potencial, sin embargo, aún no se ha hecho realidad, ya que las demandas sobre el sistema de la ONU para el mantenimiento de la paz sobrepasan con creces los recursos que recibe para darles cumplimiento. Con demasiada frecuencia, el operativo se despliega en sustitución del compromiso político necesario para resolver las causas subyacentes que conducen al conflicto. Con demasiada frecuencia también, se esperan resultados que quedan fuera de su mandato, de sus recursos y de su influencia política.

A pesar del escepticismo de muchos, algunos acuerdos internacionales también han tenido un impacto significativo. La prohibición internacional de las minas antipersona, aprobada en 1997, ha contribuido a que las bajas anuales por causa de las minas se reduzcan probablemente en más de dos terceras partes.[149] Es necesario hacer mucho más, y después del éxito del tratado sobre minas ha llegado el momento de controlar el comercio de las armas ligeras y de otras armas convencionales. En la Asamblea General de la ONU a finales de 2006, la mayoría de los gobiernos respaldaron la necesidad de un Tratado sobre Comercio de Armas y acordaron empezar a trabajar hacia un instrumento global legalmente vinculante, que establezca por primera vez estándares comunes para la transferencia internacional de todas las armas convencionales.

*"Los negocios no pueden tener
éxito si la sociedad no lo tiene,
y una sociedad no puede tener
éxito si los negocios no lo tienen.
La prosperidad requiere la paz."*

Nepalese National Business Initiative (NBI) (2005) folleto informativo (Katmandú, Nepal: NBI).

Visión empresarial

La Responsabilidad de Proteger a los ciudadanos recae en primer lugar sobre los gobiernos, y la mayor parte de las iniciativas descritas han sido llevadas a cabo por ellos o por instituciones intergubernamentales. Pero todo esto tiene lugar en un mundo en el que el sector privado, la sociedad civil y otros actores comparten un papel significativo en la protección de los civiles.

A pesar de los beneficios derivados de los 'conflictos por los recursos' o del comercio de armas, la mayoría de los negocios se desarrollan en ambientes de paz, no de guerra, y tienen interés en la seguridad. En Colombia, el principal proveedor de electricidad del país, Interconexión Eléctrica SA, sufrió 1.200 ataques a sus torres entre 1999 y 2006. En palabras de la compañía, 'había una sensación de crisis'. 'Teníamos que hacer algo que trajera estabilidad a largo plazo y una paz duradera.' Estableció y apoyó 20 'programas de paz y desarrollo', y convenció a otras empresas de que hicieran lo mismo.[150]

En Mindanao, Filipinas, el municipio de Datu Paglas era uno de los peores focos de violencia. Pero tres empresas – PagCorp, La Frutera y Oribanex – pusieron en marcha una plantación de bananas en la que cristianos y musulmanes pudieran trabajar juntos. Según dijo uno de los formadores en 2006, 'ya no se ve a los cristianos como superiores o más especializados que los trabajadores musulmanes'. La plantación ha ayudado a reducir las tensiones inter-religiosas. La zona es más segura y los rebeldes del Frente Moro de Liberación Islámica ya no intentan obligar a los trabajadores musulmanes a que se unan al conflicto. Ahora la plantación es una de las más rentables de Filipinas.[151]

Las empresas extranjeras también pueden tener un impacto positivo –y evitar un impacto negativo – a través de sus operaciones e inversiones. Organizaciones como International Alert y Amnistía Internacional han elaborado directrices de buenas prácticas para garantizar por ejemplo que las empresas no recluten guardias de seguridad con un historial de abusos contra los derechos humanos. Algunas empresas han utilizado sus inversiones para influir en el comportamiento de otras corporaciones. En 2006, una serie de empresas europeas, fondos, y bancos retiraron sus inversiones de empresas involucradas en la producción de bombas de racimo.[152]

Sería demasiado pronto para decir que la protección de los civiles se ha convertido en una parte importante de la responsabilidad social de la mayoría de las empresas. El potencial de algunas empresas para avivar conflictos es tan grande como siempre. Las actuaciones de *Blackwater* en Iraq ejemplifican la ausencia de rendición de cuentas de algunas empresas mercenarias. La empresa se vio obligada a abandonar el país a raíz de las acusaciones de haber matado a 17 civiles en Bagdad en septiembre de 2007.[153] De igual modo, buena

Al quemar la leña de forma más eficiente, las mujeres de Darfur pueden reducir el número de los peligrosos viajes que tienen que hacer para recoger leña fuera de los campos (2005).

Oxfam GB

parte de la industria de defensa sigue al margen de un control efectivo. Pero en el conjunto del sector privado hay ejemplos positivos, así como directrices elaboradas a partir de ellos, que las empresas con visión pueden seguir, y un número creciente lo está haciendo.

Protección humanitaria

Mientras que la mayoría de las empresas (sensatas) buscan evitar las zonas en conflicto, las agencias humanitarias no pueden hacerlo. Ayudan a las poblaciones necesitadas, incluso en las circunstancias más peligrosas. Y cuando los gobiernos no protegen a sus ciudadanos, cada vez más, son las agencias humanitarias las que están sobre el terreno tratando de llevar algo de seguridad así como saneamiento o cobijo, al tiempo que garantizan que el trabajo humanitario no compromete en ningún caso la seguridad de los civiles. En 2007, Marc DuBois, jefe de asuntos humanitarios de Médicos sin Fronteras escribió que 'la violencia contra los civiles en Darfur habría continuado a niveles muy superiores si no fuera (entre otras cosas) por los esfuerzos de protección de muchas ONG humanitarias.'[154] En la ciudad de Kebkabiya, Oxfam Internacional y *Relief International* enseñaron a 400 mujeres a construir cocinas más eficientes, de manera que tuvieran que salir con menos frecuencia a recoger leña, reduciendo con ello el riesgo de sufrir ataques. Una de esas mujeres era Khadija:

> *Es más seguro para mis hijos. Al tener que hacer menos viajes para recoger leña, se ha reducido el riesgo de sufrir ataques violentos.*[155]

En realidad, es demasiado simple pensar que con sólo enfocar correctamente la ayuda se proporciona seguridad a las personas. En ocasiones, la ayuda en sí misma puede aumentar las amenazas que sufren los civiles. En 2007, durante tres meses, familias de Kisharo, en RDC, pidieron a las ONG internacionales que dejaran de distribuir las cubiertas de plástico, porque temían más ser atacados por salteadores que carecer de cobijo.[156]

Cómo influir

El personal humanitario sabe muy bien que lo que ellos pueden hacer para proteger a las personas no es más que una parte de lo que los gobiernos deberían estar haciendo, y están también cada vez más alertas al impacto de sus programas en la seguridad de la gente; pero a menudo están además bien situados para presionar a las instituciones más poderosas para que cumplan sus responsabilidades. En Timor Oeste, por ejemplo, una investigación realizada por Oxfam Internacional en 2003 en la que se preguntaba a los refugiados dónde *querían* que se les reubicara, contribuyó a persuadir al Gobierno de Indonesia para que cambiara su política, que hubiera obligado a los refugiados a desplazarse fuera de sus comunidades.

Viendo un vídeo en la aldea de Cyembogo, Ruanda; un cine comunitario para Tutsis y Hutus, que forma parte de un proyecto más amplio para acercar a las comunidades Tutsi y Hutu con el objetivo de que realicen un trabajo de desarrollo conjunto (2003).

Ami Vitale/Oxfam

El potencial de influencia de las agencias humanitarias puede ir, por supuesto, mucho más allá. En los últimos diez años, se han convertido en referencia habitual para los medios de comunicación, e incluso para miembros del Consejo de Seguridad de la ONU. En el proceso, a menudo se han visto divididas entre la decisión de 'señalar y avergonzar' a los gobiernos que abusan de sus ciudadanos o guardar silencio por temor a ser expulsadas, y perder con ello su capacidad de ayudar a las personas necesitadas. En los últimos años, el intento de Oxfam Internacional y de otras agencias de encontrar el término medio para este dilema se ha ido haciendo cada vez más sofisticado. Mientras que sus programas sobre el terreno se han hecho más sensibles a la seguridad de sus beneficiarios, su trabajo de presión se ha diversificado, utilizando unas veces la 'diplomacia humanitaria', y otras las campañas públicas, en función de los riesgos y beneficios derivados de los distintos enfoques en diferentes crisis.

Desarrollo para la paz

Un grupo mucho más amplio que las agencias humanitarias ha aprendido también de la experiencia de trabajar en situaciones de conflicto. Los donantes y las agencias de desarrollo han reconocido la imposibilidad de lograr los Objetivos de Desarrollo del Milenio (ODM) con el nivel actual de conflictos en el mundo. Dos razones hacen difícil invertir suficiente ayuda al desarrollo en los países en riesgo de conflicto. En primer lugar, y a pesar de que son los más atrasados con respecto a los ODM, es muy caro y arriesgado proporcionar ayuda al desarrollo a los llamados estados frágiles en conflicto, a los que están saliendo de él o a los que corren el riesgo de sufrirlo. En segundo lugar, la propia etiqueta de 'estados frágiles' es un término vago que puede desincentivar la ayuda al desarrollo a los países que más la necesitan.[157] En 2006, estos estados recibieron sólo el 10-15 por ciento de la ayuda oficial al desarrollo.[158]

La preocupación de los donantes por mostrar la eficacia de su ayuda les ha retraído de prestar la atención suficiente a los países en riesgo de conflicto. Algunos, sin embargo, se están dando cuenta de que se trata de una estrategia a corto plazo, y han empezado a dar mayor prioridad a estos países. Como escribió en 2006 Robert Picciotto, profesor invitado en el King's College de Londres, 'para lograr los mejores resultados hay que considerar la ayuda como una inversión de riesgo. Evitar una guerra, se traduce en 60.000 millones de dólares en el banco.'[159]

Es importante que se mantenga y se intensifique esta nueva actitud frente al desarrollo en países inseguros. A pesar de las dificultades, los gobiernos donantes deben invertir en los países que se encuentran ante un mayor riesgo

Durante el brutal conflicto de Liberia, la D. Twe Memorial School en Monrovia fue saqueada y cerrada. En 2006 se reabrió como parte de un proyecto financiado por Oxfam que proporcionaba empleo a la población local que reconstruyó los edificios e hizo muebles nuevos y uniformes para la escuela. La educación y el trabajo están proporcionando al menos algún tipo de dividendo de la paz.

Aubrey Wade/Oxfam

de conflicto. Esto significa invertir en las instituciones para lograr que sean eficaces y tengan que rendir cuentas, invertir en medios de vida pacíficos y en el acceso equitativo a los servicios esenciales, de manera que la falta de un medio de vida o el desigual acceso a los servicios no sigan siguiendo causa de inestabilidad.

A pequeña escala, algunos gobiernos donantes y agencias de desarrollo también han desarrollado sistemas de evaluación con el fin de asegurar que sus intervenciones reducen, y no incrementan, el riesgo de conflicto. Una ayuda al desarrollo incorrecta, al igual que una incorrecta ayuda humanitaria, puede empeorar las cosas si al facilitar ayuda a unos grupos y a otros no, aumenta las desigualdades. Sin embargo, una ayuda adecuada puede lograr lo contrario. A pesar de la violencia que asoló parte de Kenia a comienzos de 2008, el personal de Oxfam Internacional pudo ayudar a salvar algunas vidas, gracias a los mecanismos locales de construcción de paz que habían apoyado durante años. Daniel Kiptugen, responsable de Paz y Reconciliación de Oxfam, contaba en enero de 2008 uno de esos incidentes:

> Un grupo de jóvenes estaban a punto de quemar el cobertizo en el que vivía una pareja, los dos estaban muy enfermos. Me enviaron un mensaje para que interviniera. Me dirigí allí con dos personas mayores de su comunidad y hablamos con los jóvenes. Les dije que la vida humana es sagrada y debían respetarla. ¿Dónde pensaban que podía ir aquella pareja? ¿Cómo se sentirían si su familia se encontrara en la misma situación? Los jóvenes se sintieron avergonzados.

Kiptugen logró que la pareja y sus hijos pudieran trasladarse a un lugar más seguro.

Los avances son desiguales. De acuerdo con la OCDE, los donantes están destinando más fondos a estados frágiles y países en situaciones de post-conflicto, pero aún no lo suficiente. Según afirma, en 2007, siete años después de que la UE se comprometiera a incluir la prevención de conflictos en sus programas de desarrollo, todavía debe hacer 'un uso más sistemático del análisis de los conflictos en sus programas a nivel de país'.[160] Las agencias de desarrollo, tanto gubernamentales como de la sociedad civil, deben seguir mejorando para asegurar que sus programas son sensibles a los riesgos de conflicto y hacer todo lo posible para contribuir a su prevención.

Colombia (2006)

¿Cuál es la mejor solución al conflicto con las guerrillas y con los paramilitares?

Negociación   **69.5%**

Solución militar   **26.3%**

No sabe   **4.2%**

Fuente: J.C. Rodríguez y M.A. Seligson (2007), 'La Política de la Cultura Democrática en Colombia' 2006, USAID, Universidad de Los Andes y Universidad de Vanderbilt.

Movimientos en favor de la paz y la prevención

La mayor parte de este capítulo ha recogido lo que hace la gente afectada directamente por los conflictos para protegerse. Pero hay otra dimensión. Millones de personas que no se ven directamente afectadas, que no conocen a ninguna persona que haya sido asesinada, violada o desplazada, también hacen lo que pueden.

Esta empatía comienza dentro de los países afectados. Dos terceras partes de los colombianos están a favor de que se negocie con las guerrillas y con los paramilitares, en lugar de buscar una solución militar, o seguir el enfoque del presidente Uribe de mantener una posición dura contra las guerrillas y en la negociación con los paramilitares. En Oriente Medio, la mayor parte de los israelíes y de los palestinos quieren negociaciones, en lugar de mantener la ocupación o el círculo de violencia por ambas partes.[161] En Sudán, la consternación por los asesinatos en Darfur a manos de todas las partes enfrentadas es generalizada. Según un estudio realizado en 2004, la población de otras regiones del país simpatiza con los darfuríes y se muestra crítica con aquellos a quienes considera responsables.[162]

La atención sobre Darfur está lógicamente mucho más extendida. Según un estudio realizado en ocho países africanos, el 65 por ciento de los encuestados dijo que la ONU debería hacer lo que fuera necesario para detener violaciones graves de los derechos humanos, como las de Darfur.[163] En todo el mundo, la coalición el Mundo por Darfur ha organizado 'Días por Darfur' para mantener la crisis presente en las agendas gubernamentales. En 2008, estos grupos están trabajando para constituir la base de una nueva Coalición Mundial por la Responsabilidad de Proteger, presionando a favor de una actuación eficaz en todas las crisis, y dando respuesta a la percepción generalizada de que se debería hacer mucho más. Un estudio internacional realizado en 2007 reflejaba que el 76 por ciento de los chinos y el 74 por ciento de los americanos cree que el Consejo de Seguridad de la ONU tiene la responsabilidad de poner fin a las violaciones graves de los derechos humanos dondequiera que se produzcan.[164]

No siempre resulta fácil trasladar los puntos de vista de la opinión pública a las políticas gubernamentales. En 2003, los millones de personas que en todo el mundo se manifestaron contra la invasión de Iraq pudieron comprobar lo difícil que es cambiar los objetivos políticos de los gobiernos. Sin embargo, hay ejemplos de situaciones en las que los gobiernos calculan el coste político de diferentes opciones, y se dan cuenta de que la presión es demasiado fuerte para ignorarla. En EE UU, las campañas sobre Darfur han jugado un papel tangible para lograr el aumento del apoyo económico estadounidense tanto a la UA como a las misiones mixtas UA-ONU.[165]

Montaje con algunas de las caras que conformaron la petición Un Millón de Rostros, organizada por la campaña Armas bajo Control para pedir un Tratado Internacional sobre Comercio de Armas (2006).

Oxfam

Más allá de estas crisis, cientos de miles de personas han estado involucradas en asuntos más amplios relacionados con los conflictos. En 1997, la convención internacional que prohíbe las minas antipersona fue el resultado de una campaña mundial sin precedentes, en la que participaron más de 1.100 grupos de más de 60 países, que impulsaron y apoyaron las negociaciones intergubernamentales lideradas por Canadá. En 2003, IANSA, Amnistía Internacional y Oxfam Internacional se unieron en la campaña Armas bajo Control para pedir ayuda para que las comunidades puedan librarse de las armas, y presionar por un tratado internacional sobre el comercio de armas que ponga control a su suministro. Entonces sólo contaban con el apoyo de tres gobiernos. A raíz de una masiva campaña internacional, representada por la petición 'Un millón de rostros', se les unieron otros, constituyendo un grupo de gobiernos de todas las regiones que trabajaron juntos para lograr un apoyo más amplio al tratado. En 2006, en la Asamblea General de la ONU, 153 gobiernos votaron a favor del inicio del proceso de negociación del Tratado sobre Comercio de Armas, para evitar las transferencias irresponsables.

En 2007, el secretario general de la ONU pidió a todos los gobiernos que presentaran sus puntos de vista sobre la viabilidad y los parámetros del Tratado. La campaña lanzó una 'Consulta Popular' en más de 50 países, para difundir este paso diplomático y presionar a los gobiernos para que respondieran a la petición del secretario general. Tuvo éxito. Normalmente, unos 10-12 gobiernos envían respuesta a estas consultas de la ONU. Un número récord de 100 lo hicieron con relación al Tratado sobre Comercio de Armas. En 2008, el proceso para elaborarlo sigue su curso.

Los obstáculos

Asumiendo que se puede movilizar a un gran número de personas en todo el mundo para pedir la protección de los civiles, ¿contra qué tendrían que movilizarse? El Capítulo 4 expone la falta de respeto que los rebeldes (y algunos gobiernos) tienen por el derecho humanitario internacional, y la brecha que existe entre la retórica y la realidad de la protección.

"Cuando los paramilitares entraron en nuestra aldea, era su sexta incursión en La Gabarra. La primera había tenido lugar en Socuavo. Nueve personas fueron asesinadas. A medida que avanzaban, los paramilitares siguieron matando, matando, matando, matando. Cuando llegaron a Vetas, cerca de un lugar llamado 46, atacaron un edificio matando e hiriendo a algunos de sus ocupantes."

'Ana Dilia', desplazada de Catatumbo, al norte de Santander (Colombia), entrevistada por el Observatorio de desplazamiento interno (IDMC).

Fuente: Consejo Noruego de Refugiados (2007) 'Para que se sepa. Hablan las personas desplazadas en Colombia', Bogotá: IDMC, p. 38.

4

Obstáculos para la protección

No faltan ejemplos positivos de medidas eficaces tomadas por los gobiernos y sus ciudadanos para proteger a los civiles. Sin embargo, siguen siendo ejemplos y no la norma, porque en demasiadas ocasiones la opción de estados y actores no estatales es atacar, aterrorizar y amenazar a los civiles con casi total impunidad. La decisión de matar es la principal causa del sufrimiento que hemos descrito, y es ahí donde descansa fundamentalmente la responsabilidad. Existe una profunda brecha entre las disposiciones del derecho humanitario internacional y la forma en que luchan la mayoría de los combatientes.

Hay otra brecha que es reflejo de ésta: la que existe entre lo que los gobiernos y la comunidad internacional dicen que van a hacer para proteger a los civiles y lo que realmente hacen. Este capítulo se ocupa de ambas brechas.

Razones para matar

En 2007, Hugo Slim, experto en humanitarismo, distinguía cuatro 'ideologías anti-civiles' que conducen al asesinato de civiles. Algunos, como los causantes de las matanzas de Darfur (janjaweed) o Srebrenica, 'rechazan la idea de civil... ven a todo enemigo, sea joven, viejo, hombre o mujer, como una amenaza con la que hay que acabar.' Otros 'están de acuerdo en que existe el concepto de civiles, pero la causa por la que luchan es tan importante que deja sin valor la ética de la protección de los civiles.' Algunos incluirían en esta categoría a muchos de los que han planificado la guerra de Iraq así como a otros muchos actores no estatales en el mundo.

Slim sitúa a al-Qaeda en un tercer grupo de asesinos que 'consideran la identidad de civil demasiado escurridiza y ambigua. Para ellos, el campesino, la editora de un periódico, el miembro de otro clan, el profesor o la novia del policía no son "sólo" civiles.' La cuarta categoría es para aquellos que, como algunos soldados de ejércitos bien disciplinados, pueden rechazar sinceramente el asesinato de civiles, pero aún así algunas veces los cometen.[166] Todas estas ideologías son habituales entre insurgentes y rebeldes, y lamentablemente se dan también en algunas fuerzas gubernamentales. En RDC, los soldados gubernamentales cometieron la mitad de los abusos contra los derechos humanos registrados en 2006. Muy pocos de ellos fueron

"A nuestros combatientes no se les paga, de manera que no pueden utilizar prostitutas. Si pedimos educadamente a las mujeres si quieren venir con nosotros, no van a aceptar. Así que tenemos que hacer que nos obedezcan para conseguir lo que queremos."

Soldado en República Democrática del Congo

Fuente: J. Ward (2005) 'Broken bodies, broken dreams: violence against women exposed', Nairobi: IRIN, p. 182.

siquiera investigados, a causa de lo que la MONUC (la Misión de Naciones Unidas en República Democrática del Congo) llamó 'interferencias sistemáticas en la administración de justicia.'[167] Una mujer dijo a Oxfam Internacional:

> ¿Cómo es posible que estos soldados, que están aquí para protegernos, vengan y nos violen? Eso no es protección. Las mujeres están asustadas. Cuando ven soldados tienen miedo.[168]

En 2007, Oxfam Internacional entrevistó a 500 civiles en seis provincias de Afganistán. El 53 por ciento identificaba como las principales amenazas para su seguridad a los talibanes, los señores de la guerra, los traficantes de drogas o los criminales. Alrededor de la mitad también mencionaba las disputas locales por los recursos (el 50 por ciento citó la tierra, el 43 por ciento el agua) como una causa incluso mayor de su inseguridad. Pero una minoría considerable –el 25 por ciento – percibía también como una gran amenaza a las fuerzas internacionales o a los funcionarios afganos.[169]

Capacidad y voluntad de proteger de los Estados

Cuando los Estados no protegen a sus ciudadanos, puede no ser, por supuesto, por falta de voluntad sino por escasez de recursos. Cuando Ellen Johnson Sirleaf fue proclamada presidenta en 2006, el presupuesto de Liberia disponía de tan sólo un millón de dólares. Los funcionarios de policía ganaban 30 dólares al mes, pocos jueces eran abogados con experiencia y la prisión central de Monrovia era un conjunto de edificios en ruinas en los que se hacinaban hasta diez prisioneros por celda.[170] Con más frecuencia, lo que hay es una combinación de incapacidad y falta de voluntad para proteger adecuadamente a los civiles. El Gobierno del sur de Sudán –un Estado dentro del Estado, que se estableció después del acuerdo de paz de 2005– dispone de pocos de los recursos necesarios para proteger a sus ciudadanos. Una de las causas es sin duda la falta de un adecuado apoyo internacional, pero también es cierto que la falta de voluntad política, la falta de formación, mandato y control, así como de los recursos suficientes para mantener el imperio de la ley, contribuyen a que los miembros del Ejército de Liberación del Pueblo de Sudán (ELPS) cometan crímenes, extorsionen en los controles de carretera [171] o recluten niños soldado. Contribuyen también a que no se investiguen las acusaciones de ataques sexuales por parte de los soldados del ELPS a niñas de incluso siete años.[172]

Y lo que resulta más irónico, algunos gobiernos invocan la 'protección' no para proteger a los civiles sino para perseguir sus propios fines. Muchos civiles

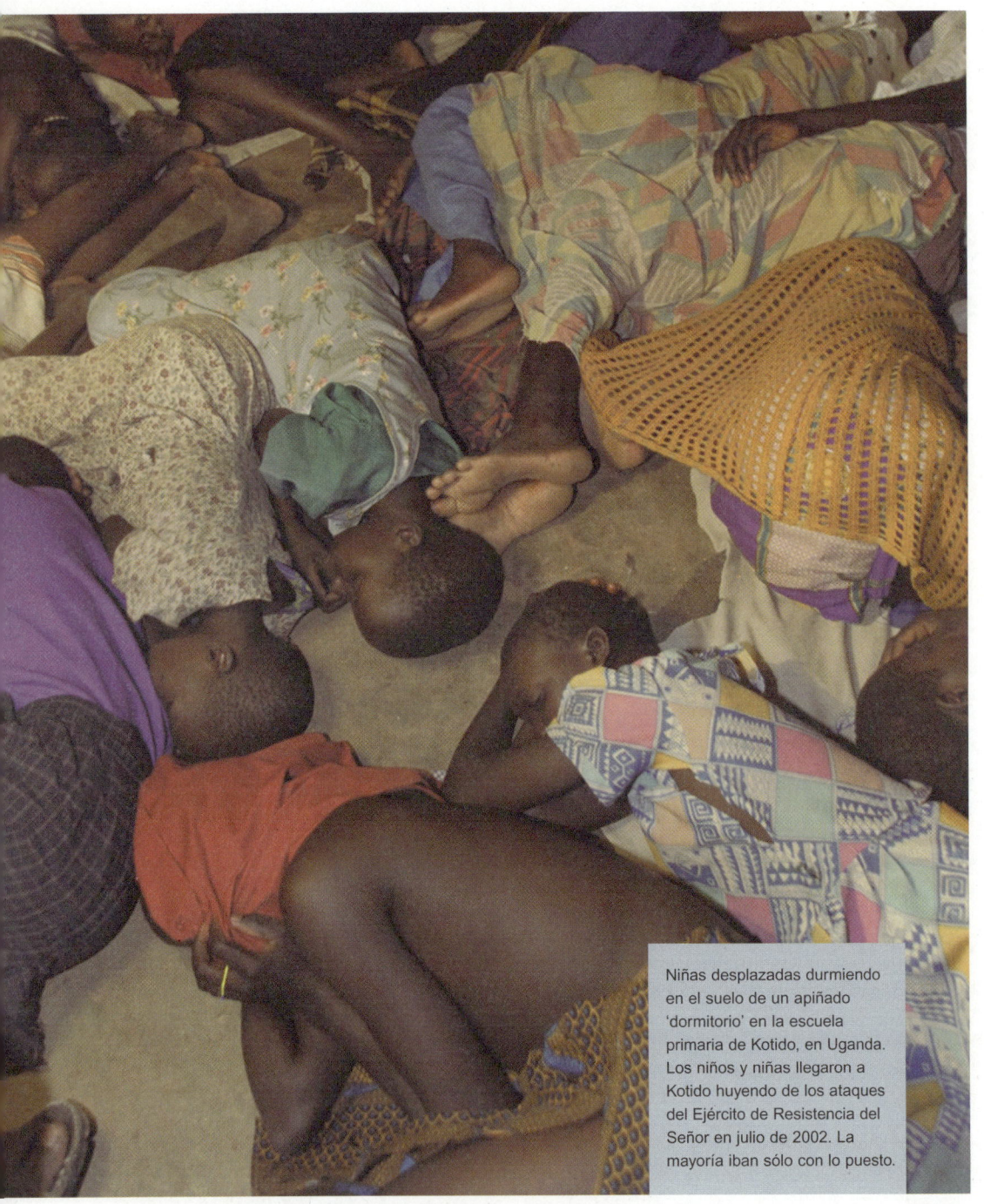

Niñas desplazadas durmiendo en el suelo de un apiñado 'dormitorio' en la escuela primaria de Kotido, en Uganda. Los niños y niñas llegaron a Kotido huyendo de los ataques del Ejército de Resistencia del Señor en julio de 2002. La mayoría iban sólo con lo puesto.

Crispin Hughes/Oxfam

sufren abusos no por parte de los rebeldes o insurgentes, sino de los servicios de seguridad del Estado que se supone llevan a cabo las operaciones destinadas a protegerles. Uganda, hasta la firma en 2006 del alto el fuego con el grupo rebelde ERS, desplegó su campaña militar aludiendo a la protección de sus ciudadanos, a pesar de que fue esa campaña la que desplazó a cientos de miles de personas.[173] Uganda no fue una excepción al creer que podría encontrar una solución militar, fracasar en el intento y disfrazar bajo el término de 'protección' una estrategia fallida. Más conocido es el caso de EE UU y Reino Unido, que cuando ya no pudieron afirmar que protegían a sus propios ciudadanos de las armas de destrucción masiva de Iraq, pretendieron justificar su invasión diciendo que había ayudado a proteger a los iraquíes. En 2004, el antiguo primer ministro Tony Blair se vio forzado a argumentar que 'cuando los ciudadanos de una nación están sujetos a un régimen como el de Sadam, tenemos la responsabilidad de actuar.'[174]

Proteger del escepticismo

Es comprensible que algunos gobiernos –en particular en el Sur, que tiene un largo historial de sufrimiento a causa de las interferencias de Occidente – sean escépticos ante las afirmaciones de los gobiernos occidentales de que están protegiendo a los civiles, cuando invaden países como Iraq. Para algunos, esto conduce a un escepticismo más amplio sobre los esfuerzos internacionales para proteger a los civiles. Cuando los gobiernos aceptaron, en la Cumbre Mundial de la ONU de 2005, su Responsabilidad de Proteger a los civiles en todo el mundo, algunos lo hicieron con reticencias. Temían que una vez más se estuviera abusando con demasiada facilidad de un concepto noble.

Otros acuerdos internacionales pueden contribuir a combatir este escepticismo. Como propuso Kofi Annan cuando aún era secretario general de la ONU, haría falta un acuerdo de la ONU sobre los principios que deben guiar al Consejo de Seguridad antes de autorizar el uso de la fuerza para la protección de civiles. Esto debe servir para evitar otro Iraq, o fracasos como el de Ruanda. Debe establecerse de forma clara que la única justificación para autorizar el uso de la fuerza para proteger civiles es que un número significativo de personas se vea ante la amenaza de sufrir genocidio, crímenes de guerra o crímenes contra la humanidad; y nunca los objetivos políticos de los miembros más poderosos del Consejo. Pero esto no es suficiente. Debe haber también unos principios claros sobre el uso de otros instrumentos más ampliamente aplicables, que van desde la imposición de sanciones por el Consejo de Seguridad a la suspensión de miembros de organizaciones regionales como la UA.

Iraquíes reunidos en el lugar del devastado mercado de Sadriya, en Bagdad, Iraq. El 19 de abril de 2007, un coche bomba hizo explosión matando al menos a 127 personas e hiriendo a otras 148.

Wathiq Khuzaie/Getty Images

La 'guerra contra el terror' no protege

En 2006, dos terceras partes de los nuevos refugiados procedían de Iraq y Afganistán.[175] Desde entonces, el aumento del número de refugiados en el mundo se ha debido casi por entero a las personas que han huido de la guerra de Iraq. Hasta ahora, la 'guerra' ha sido una clara muestra del contraste entre un objetivo que incluye la protección de los civiles y su fracaso en la práctica, aumentando además la vulnerabilidad de los civiles. En 2006, según el Departamento de Estado estadounidense, el número de ataques terroristas en el mundo aumentó en un 28 por ciento. Aunque el 11 de septiembre no se ha repetido, el número de ataques en Europa y Oriente Medio ha aumentado, y en 2007 el Gobierno de EE UU reconoció que 'la intervención en Iraq... ha sido utilizada por los terroristas para llamar a la radicalización y a las actividades extremistas que han contribuido a la inestabilidad en los países vecinos.'[176]

Hasta finales de 2006, la actuación de EE UU en Iraq y Afganistán se concibió en base a una doctrina de contrainsurgencia que data de los años 80, redactada a la sombra de Vietnam. Michael O'Hanlon de la *Brookings Institution* explicó el impacto de esa doctrina sobre los civiles iraquíes:

> *Durante los primeros años de la guerra de Iraq, las fuerzas americanas eran con frecuencia muy poco cuidadosas en el uso de la fuerza, demasiado propensas a poner la protección de las fuerzas por delante de la protección de la población, disparando a veces de forma indiscriminada, y abusando de los prisioneros en algunas situaciones incluida la más conocida de Abu Ghraib. Inmediatamente después de la caída de Sadam, se mostraban aparentemente indiferentes al bienestar de la población local tolerando una situación de saqueos y desenfreno sin ley.*[177]

En diciembre de 2006, después de más de tres años de guerra en Iraq, el general David Petraeus y el teniente general de Marina James Amos elaboraron un nuevo manual para las operaciones de contrainsurgencia del Ejército de los EEUU y los marines.[178] Criticaba implícitamente mucho de lo que se había hecho en Iraq, pidiendo una limitación del uso de la fuerza para cambiar 'prácticas fallidas' que incluían:

- poner excesivo énfasis en matar y capturar al enemigo, en lugar de proporcionar seguridad a la población; e

- ignorar los procesos gubernamentales en tiempo de paz, incluyendo los procedimientos legales.

Según el 'Índice de Iraq', el principal análisis estadounidense independiente sobre Iraq, en los años siguientes a 2003, las tropas de EE UU mataban hasta siete civiles iraquíes a la semana. Aparentemente, a finales de 2006 la cifra había descendido a uno a la semana como resultado de la decisión deliberada de dar mayor prioridad a la seguridad de los civiles.[179] En Afganistán, por el

El presidente Bush se dirige a la Asamblea General de la ONU, observado por el secretario general Kofi Annan, 2002. Un día después del primer aniversario del 11 de septiembre, los líderes mundiales abrían su debate anual con la amenaza de EE UU de emprender acciones contra Iraq en el primer plano de la agenda mundial.

Doug Mills/AP Photo

contrario, la coalición liderada por EE UU ha sido incapaz de contener el número de ataques violentos –incrementados en alrededor del 25 por ciento en 2007.[180] Las fuerzas de EE UU y de la OTAN han matado a cientos de civiles afganos cada año, a pesar de la reiterada petición del presidente Karzai de que se frenen las muertes.[181] Sólo en la primera mitad de 2007, murieron 230 mujeres y niños a manos de las fuerzas afganas o internacionales.[182] Se ha estimado que la mitad de todos los civiles asesinados a lo largo del año han sido víctimas de esas fuerzas, no de los talibanes o de criminales.[183] No es de extrañar el impacto que esto tiene en el apoyo a la coalición, tal y como expresaba en 2007 un hombre afgano:

> Los talibanes mataron a dos miembros de mi familia. Las fuerzas invasoras a 16. Es fácil imaginar de que lado estoy.[184]

La tolerancia frente a esas elevadas bajas de civiles y cualquier abuso deliberado contra los derechos humanos ha tenido invariablemente un efecto contraproducente en todo el mundo. Los únicos que han salido beneficiados han sido los rebeldes, ya que con ello consiguen un mayor apoyo. En 2007, el gobierno de transición de Somalia arrestó en Mogadiscio a cientos de activistas opositores. Muchos de ellos se quejaron de haber sido torturados por la policía somalí. El apoyo a la oposición islamista aumentó. En palabras de Abdullah Mohammed Shirwa, de la organización local *Somali Peace Line*: 'Están creando terroristas'.[185] Normalmente es imposible saber si EE UU y otros aliados del gobierno de transición condenan estos incidentes. Se sospecha sin embargo que los aliados en la 'guerra contra el terror' pueden continuar cometiendo esos abusos sin sufrir ninguna presión efectiva por parte de EE UU o de otros gobiernos para que los reduzcan.

Abu Ghraib y las 'entregas extraordinarias',[186] el elevado número de bajas de civiles en Afganistán y, en el pasado, en Iraq, el silencio de EE UU sobre los abusos cometidos por sus aliados... todo ello se ha sumado para generar un peligrosa impresión: que hay que ganar la 'guerra contra el terror' a toda costa, y que el elevado sufrimiento de los civiles y la violación de la legislación internacional son un precio que merece la pena pagar. La evidencia en todo el mundo y la doctrina de contrainsurgencia del general Petraeus apuntan lo contrario: que la única forma de derrotar al terrorismo es dar una prioridad alta a la protección de los civiles, y hacerlo dentro de la ley.

El viejo orden mundial

La 'guerra contra el terror' dice mucho sobre el orden mundial que ha prevalecido desde el final de la Guerra Fría, con un EE UU sin rival y un Consejo de Seguridad de la ONU dividido sobre la invasión de Iraq, pero impotente para ponerle fin. Entre una crisis y otra el Consejo de Seguridad

Los presidentes de Sudáfrica,
Thabo Mbeki, y China, Hu Jintao,
durante una ceremonia de
bienvenida en Petroria, Sudáfrica,
en 2007. Hu realizaba una visita
de estado como parte de su
recorrido por el continente
africano.

Denis Farrell /AP Photo

mantiene una actuación lamentablemente inconsistente. Sea por falta de interés o porque entran en juego otros intereses, ante un gran número de conflictos que afectan a millones de personas, el Consejo de Seguridad no los aborda (por ejemplo, Colombia), no llega a un acuerdo (por ejemplo, Chad) o no actúa con eficacia (por ejemplo, Darfur). Al mismo tiempo, ha alentado a organizaciones regionales a que jueguen un papel más destacado en su propia seguridad. Para algunos, esto se presenta como un empoderamiento positivo, que da cumplimiento al Capítulo VIII de la Carta de Naciones Unidas que resalta el papel de las organizaciones regionales. Sin embargo, en el caso de la UA, sin los fondos que necesitaba en Darfur parecía que el Consejo de Seguridad subcontrataba su responsabilidad, pero sin recursos para cumplirla. La principal responsabilidad del Consejo de Seguridad, el mantenimiento de la paz y la seguridad internacional (que le confiere el Artículo 24 de la Carta de la ONU), puede parecer un objetivo imposible. Pero tampoco se puede decir que el Consejo haya hecho su trabajo tan bien como hubieran imaginado sus fundadores, o como se merecen los civiles que sufren en los conflictos. A pesar de todas las iniciativas sobre la protección de civiles, ¿ha afrontado mejor el Consejo la crisis de Darfur que el genocidio de Bosnia hace más de una década?

¿Un nuevo orden mundial?

El viejo orden mundial está cambiando lentamente. Existe una presión creciente para que se reforme el Consejo de Seguridad. China se está convirtiendo en un poder político y económico mundial. Según afirma el periódico estadounidense *Foreign Affairs* en 2008:

> *China va camino de convertirse en un formidable poder a escala global... su diplomacia se ha extendido no sólo en Asia sino también en África, América Latina y Oriente Medio. De hecho, mientras la Unión Soviética sólo rivalizaba con Estados Unidos como competidor militar, China está emergiendo como rival militar y económico, anunciando un profundo cambio en la distribución de poder a escala mundial.*[187]

Rusia ha recuperado la confianza de nuevo, y una serie de poderes regionales están presionando para ocupar una plaza permanente en el Consejo de Seguridad, o están ampliando sus intereses diplomáticos en el mundo. En Asia, India e Indonesia. En África, Sudáfrica, Nigeria y Egipto. En América Latina, Brasil, Argentina y México. Para muchos, se trata de ganar una influencia política equivalente a su creciente poder económico. Según Goldman Sachs, a mediados de este siglo Brasil, Rusia, India y China pueden adelantar a las economías conjuntas del original G6.[188] Esto está algo lejos. Sin embargo, Japón y Alemania, los dos países del Norte cuya influencia política está más

Mirando desde la bahía hacia
una de las tierras más caras del
mundo (Chowpatty Beach,
Mumbai, India, 2007).

Shreyans Bhansali, www.thebigdurian.net

rezagada con respecto a su influencia económica ya están mirando a un mundo más 'multipolar' que el del periodo de la post Guerra Fría dominado por EE UU. Al igual que India y Brasil, están decididos a lograr un asiento permanente en el Consejo de Seguridad. Aunque estos cuatro países no lo consiguieron a pesar de una vigorosa campaña llevada a cabo en 2005, su comprensible frustración y ambición no ha desaparecido. Mientras la reforma de la ONU avanza lentamente, los gobiernos dispuestos a defender la anticuada estructura del Consejo, basada todavía en el mundo de 1945, son pocos y están distanciados entre ellos.

La velocidad y el resultado de todos estos cambios son inciertos. En 2008, Parag Khanna de *New America Foundation* escribió que 'el momento unipolar de América' está siendo reemplazado por 'un espacio geopolítico' en el que EE UU compite 'junto a los otros superpoderes del mundo: la UE y China. Ésta es la geopolítica del siglo XXI: los nuevos Tres Grandes.'[189] No obstante, son pocos los políticos europeos que aspirarían a ese gran papel. La UE está buscando un papel global, pero más como modelo para otras organizaciones regionales que como una 'superpotencia' y sobre todo en términos de paz y seguridad como socia de la UA. El ex presidente francés Chirac proclamaba un mundo multipolar en oposición a EE UU, o al menos a la Administración estadounidense. Ahora, cuando el presidente Sarkozy dice que ya existe un mundo multipolar, se refiere a ello en un sentido mucho más cooperativo.[190]

En cualquier caso, es demasiado pronto para decir si otros poderes emergentes en el Sur se van a unir a China en la primera línea de un mundo multipolar. En 2007, un libro marcaba el 60 aniversario de la independencia de la India, *India's Century*, escrito por el ministro de Comercio del país, Kamal Nath. Miraba hacia lo que resta de este siglo en el que India tiene una influencia mundial que va más allá de la económica. El que se utilice un lenguaje similar cuando se habla de América o de China, y esto sea objeto de un vivo debate, dice mucho sobre el cambio –y la incertidumbre – en cuanto a las futuras relaciones internacionales. Durante las próximas décadas, EE UU seguirá siendo un importante poder mundial, pero no el único. De hecho, EE UU podría seguir siendo el país más poderoso, pero como ha escrito Joseph Nye, profesor de Relaciones Internacionales de Harvard: 'ser el número uno ya no va a ser lo mismo'.[191]

Hussein Malla/AP Photo

Dos miembros chinos de las
fuerzas de paz de la ONU
observan un cañón de artillería
francés de 155 mm, de Naciones
Unidas, disparando un proyectil
cerca de sus cuarteles en la
ciudad costera de Naqoura,
al sur del Líbano (2007).

Impacto sobre los civiles

La cuestión es: ¿este 'nuevo orden mundial', cualquiera que sea su configuración precisa, será mejor que el viejo en la protección de los civiles? La respuesta no es evidente. Un Consejo de Seguridad ampliado podría verse aún más comprometido a causa de los desacuerdos que el actual. EE UU, China y otros poderes emergentes ¿abanderarán la Responsabilidad de Proteger que les corresponde por su posición en el mundo? No es seguro que lo hagan.

A corto plazo, cualquiera que sea el nuevo presidente de EE UU, tendrá en su mano hacer algo para restablecer la confianza internacional en la sensatez del liderazgo estadounidense. Comprometerse con la protección de los civiles y con el respeto al derecho humanitario internacional sería una señal clara de que EE UU quiere trabajar con la opinión pública internacional para ejercer su liderazgo desde una posición de fuerza moral. Hasta cierto punto, EE UU ya ha aprendido de la experiencia. Desde 2007, la dirección de la guerra en Iraq no es la misma que antes. Y lo que quizás es más importante, el nuevo presidente no tendrá ninguna responsabilidad sobre las actuaciones de la 'guerra contra el terror' anteriores a 2009, ni sobre los abusos que han socavado el todavía inalcanzable objetivo de vencer al terrorismo global. En realidad, la nueva administración tendrá un potencial inigualable para liderar la acción internacional hacia una mejor protección de los civiles en todo el mundo.

A largo plazo nos podemos encontrar ante unos años inciertos de competencia entre EE UU y China. No sabemos si el 'ascenso pacífico' de China –estrategia a la que se ha comprometido – tendrá en cuenta la necesidad de priorizar la protección de los civiles, junto con sus propias necesidades de recursos naturales, a medida que asume el que ve como su legítimo lugar como potencia mundial. En 2007, un analista de la seguridad en África concluía que 'China e India se preocupan poco por todo lo que no sea un buen retorno para sus inversiones.'[192] Pero también se dan cuenta de que un ambiente estable para las inversiones y el suministro de energía es incompatible con los conflictos prolongados y las crisis políticas. En 2007, China contribuyó a siete de las nueve operaciones de la ONU para el mantenimiento de la paz en África.[193] En ese mismo año, el enviado estadounidense a Darfur describía el 'papel fundamental y constructivo' de China para presionar a Sudán para que aceptara una misión de paz ampliada.[194] Otros analistas resumían la evolución del planteamiento de la política china frente a otra crisis:

> China ve ahora su implicación en Zimbawe como una responsabilidad... el viaje del presidente Hu Jintao a África en febrero [de 2007] incluyó paradas en prácticamente todos los países vecinos de Zimbabwe, pero ni tan siquiera hizo escala en Harare... En la medida en que China da prioridad a su imagen global y fomenta su papel de liderazgo, resulta cada vez más claro que ofrecer cualquier tipo de apoyo a regímenes como el de Mugabe es una mala política.[195]

Grupos armados arrasan por completo otra aldea en Darfur (2004).

Scott Nelson/Getty Images

Esto puede formar parte de una visión más amplia. Según un artículo publicado en 2008 en el diario *Foreign Affairs*: 'en sólo dos años, China ha pasado de un rotundo obstruccionismo... al intento de equilibrar sus necesidades materiales con las responsabilidades de una superpotencia'.[196] El cálculo que hace China de sus intereses económicos y políticos está evolucionando. Poco a poco, puede seguir emergiendo una nueva y pragmática política exterior en la que, crisis tras crisis, haya más probabilidades de que China forme parte de la solución. Queda una cuestión pendiente: ¿considerará China que la seguridad de sus inversiones y de sus fuentes de energía, así como su reputación internacional, dependerán de que la forma de resolver esas crisis traiga una estabilidad duradera y la protección de los civiles?

¿Y después?

Lo único cierto es que el futuro no será perfecto. Pero lo que no sabemos es si será peor, si los gobiernos tendrán que seguir avergonzándose cada vez más por sus fracasos ante crisis como la de Darfur. También es posible que todos los ejemplos positivos de protección de civiles, como los que se han descrito en el Capítulo 3, se tomen más en serio. El viejo orden mundial no lo ha hecho. El nuevo orden multipolar podría hacerlo. El último capítulo va a abordar cómo podría ser en la práctica.

5

Para no fracasar

Sesenta años después de que se aprobaran la Declaración Universal de Derechos Humanos y los Convenios de Ginebra, es hora de establecer una agenda para que se cumplan en el nuevo mundo multipolar.

No es preciso reinventar el derecho humanitario internacional, ni la Responsabilidad de Proteger con la que se ha puesto sobre la mesa un nuevo compromiso político para evitar las peores atrocidades. Lo que necesitamos son cuatro cambios:

- Hacer de la protección de los civiles la prioridad absoluta en la respuesta a los conflictos en cualquier lugar del mundo. El propósito de lograr que los civiles estén más seguros nunca debe sacrificarse.
- Adoptar una tolerancia cero frente a los crímenes de guerra, se cometan en actuaciones contra el terrorismo o en cualquier otra circunstancia.
- Actuar con mucha más rapidez para hacer frente a las tendencias que amenazan con nuevos conflictos o con prolongar los ya existentes, así como a sus causas –incluyendo la pobreza y la desigualdad, el cambio climático y la proliferación de armamento – de manera que podamos mejorar en la prevención y en la reacción ante los conflictos.
- Aunar actuaciones eficaces a todos los niveles, desde las comunidades locales al Consejo de Seguridad de las Naciones Unidas, para que se actúe internacionalmente de forma alineada con el trabajo en terreno.

En este capítulo los vamos a analizar a nivel de los actores locales, los gobiernos nacionales, las organizaciones regionales y la comunidad internacional.

Sería ingenuo pensar que podemos evitar todos los conflictos. El derecho humanitario internacional se estableció porque sus autores reconocían con pesar que siempre habrá conflictos, y que incluso en ellos, se debían proteger los derechos fundamentales de los civiles. En el futuro, proteger a los civiles debe significar actuar mejor a todos los niveles para intentar evitar nuevos conflictos o que se aviven los viejos, y cuando la prevención fracasa actuar con rapidez y decisión para detener las atrocidades.

Ni los acuerdos internacionales ni los esfuerzos locales traen por sí solos una protección eficaz y la construcción de la paz. Como dijo en 2008 un miembro de Oxfam en Kenia, la solución no está simplemente en la reconciliación nacional: 'se deben reproducir los pequeños logros a nivel local y ampliar su escala.' En 2006, la analista americana Catherine Barnes lo dijo con claridad: 'la paz se debe construir desde abajo hacia arriba, desde arriba hacia abajo y del centro hacia fuera.'[197] La base es un buen punto de partida.

Acción local

Sólo el empoderamiento permite a los ciudadanos y ciudadanas hacer frente a los estados y a los actores no estatales para que cumplan con sus responsabilidades, y su capacidad para hacerlo depende con frecuencia del apoyo que reciben. En las zonas rurales de Afganistán, los señores de la guerra y los grupos antigubernamentales explotan las múltiples disputas locales para reforzar sus posiciones en el conflicto nacional. Aún así, en el proceso de construcción del Estado prácticamente se han ignorado los mecanismos locales para la resolución de conflictos –los consejos de ancianos conocidos como *jirgas* o *shuras*. Casi todos los fondos destinados a financiar la construcción de la paz se han dirigido a escala nacional, sin conseguir detener la violencia local que, con un mayor apoyo, quizás los *jirgas* y *shuras* podrían haber frenado; y los Equipos de Reconstrucción Provincial, fuertemente financiados por 13 países donantes, han dejado a las instituciones locales del país infrautilizadas e infradesarrolladas.[198] Han olvidado lo que Tocqueville escribió una vez, que son las instituciones locales las que 'ponen la libertad al alcance de las personas y les enseñan a apreciar su disfrute en paz.'

Prioridades para los actores locales

- Invertir en la capacitación a nivel local
  - Se debe apoyar a las comunidades en su trabajo orientado a resolver los conflictos locales. Las comunidades deben estar vinculadas con las iniciativas de resolución de conflictos a todos los niveles, incluyendo las decisiones nacionales, para garantizar que dan respuesta también a las necesidades locales.
  - Las empresas locales deben poder proporcionar 'medios de vida pacíficos' a las diferentes comunidades.
  - Los gobiernos locales deben ser capaces de proporcionar un acceso equitativo a los servicios esenciales y a la tierra a todas las comunidades, y reducir las desigualdades entre ellas.
- Hacer frente a las necesidades de las mujeres en los esfuerzos para lograr la paz
  - Se debe incluir a las mujeres en todas las negociaciones de paz y en las iniciativas de resolución de conflictos, desde las negociaciones locales hasta las conversaciones de paz a escala nacional (y de hecho en todos los niveles superiores).

- Los gobiernos deben invertir en las mujeres que trabajan por la paz para ayudarlas a que puedan participar activamente, de manera que se de cumplimiento a la resolución 1325 del Consejo de Seguridad de la ONU.

Responsabilidad a escala nacional

En la búsqueda de la paz, los gobiernos no deben orientarse hacia un acuerdo global inmediato. Deben centrarse en lograr el cese inmediato de la violencia, y diseñar un proceso de negociación eficaz que permita alcanzar un acuerdo justo y duradero.

Para que la paz cubra las necesidades de todos, es preciso que cada sector de la sociedad se implique en las negociaciones: no sólo las partes enfrentadas, sino cada comunidad étnica o religiosa, los grupos minoritarios a los que con tanta facilidad se ignora o se oprime, y las mujeres lo mismo que los hombres. Las mujeres no se deben sentir excluidas de las conversaciones de paz a alto nivel, como les ha ocurrido a muchas mujeres darfuríes. Sus necesidades son ignoradas cuando los hombres representan a todas las partes. 'Para ellos, la seguridad tiene que ver con desplazar fuerzas de un lugar a otro', decía Safaa Elagib Adam en las conversaciones de paz en Libia en 2007. 'Pero para una campesina, ese no es su problema. Ella quiere poder ir con seguridad al mercado o a su tierra. Para lograr una paz duradera, tenemos que incluir a las mujeres.[199]

A largo plazo, el acuerdo de paz debe ser global y duradero: no debe dejar injusticias y agravios enquistados que permitan que subsista el odio entre comunidades, lo que conlleva el peligro de que se reactive el conflicto. No debe dejar tras de sí miles de refugiados o desplazados, ni una situación de inestabilidad que aleje las inversiones y el desarrollo. Debe incluir el derecho al retorno, y la restitución de las casas y las tierras incautadas durante el conflicto. Las víctimas de los crímenes de guerra deben sentir que se ha hecho justicia, que quienes los han perpetrado han tenido que rendir cuentas, y que se hace frente a la 'cultura de impunidad' que conlleva todo conflicto. En algunas circunstancias esto significará enjuiciamiento y cárcel, bien a nivel nacional o en colaboración con la Corte Penal Internacional. En otras, puede significar algo en la línea de la 'verdad y reconciliación', o recurrir a la justicia local tradicional en vez de hacerlo al sistema de castigo occidental. Algunas veces, supondrá una secuencia en la que primero se deberá alcanzar la paz antes de que no sea posible nada que vaya más allá de la 'justicia del vencedor'.

Para asentar la paz, los gobiernos y el sector privado deben colaborar para generar 'medios de vida pacíficos' y oportunidades, no sólo para los combatientes que han sido desmovilizados, sino también para quienes tienen los medios de vida más inseguros, que son los más vulnerables al fracaso en situaciones de post-conflicto. Estos medios de vida deben ubicarse en zonas en las que la gente quiera asentarse. No tiene sentido forzar a los excombatientes a retornar a áreas rurales pobres, en las que puede haber surgido el enfrentamiento,[200] si están decididos a formar parte de la urbanización que se está desarrollando en la zona.

Prioridades para los gobiernos nacionales

- Dar la máxima prioridad a la protección de los civiles en toda estrategia de contrainsurgencia, con una tolerancia cero a los abusos (incluido el abuso sexual) de sus propias fuerzas de seguridad. Esta prioridad está por encima de la derrota del enemigo.

- Buscar una solución negociada, antes que militar, a los conflictos. Dar prioridad en las negociaciones al cese inmediato de la violencia, y a un proceso para llegar a un acuerdo justo y duradero, con la paciencia que ello requiere. Involucrar a todos los grupos afectados, a las minorías religiosas y étnicas, y a las mujeres lo mismo que a los hombres.

- Incorporar a la legislación nacional los Principios Rectores sobre los Desplazamientos Internos −resumen de la legislación internacional relevante − y aplicarlos con firmeza. Cada país afectado debe tener un Plan Nacional para apoyar a las personas desplazadas, identificando el papel específico de los diferentes ministerios, del sector privado y de la sociedad civil.

- Desarmar progresivamente a los excombatientes, sin forzar el proceso.

- Asegurar una distribución de la ayuda humanitaria adecuada, oportuna, apropiada e imparcial a todas las comunidades afectadas. Al hacerlo, evitar el empleo de fuerzas militares. Cuando no exista otra alternativa, seguir los estándares internacionales aplicables, incluyendo las Directrices sobre la utilización de recursos militares y de protección civil para las operaciones de socorro en caso de desastre.[201]

- Reducir el riesgo de que se reavive el conflicto o surjan nuevos, mediante:

  - La creación de 'medios de vida pacíficos' para los combatientes desmovilizados, y para aquellas personas más vulnerables a las crisis económicas locales o globales, como parte esencial de una estrategia de reducción de la pobreza, así como gestionando las crisis económicas de manera que no incrementen las desigualdades.

  - El acceso equitativo de todas las comunidades a los servicios esenciales, incluyendo salud, educación, agua y saneamiento.

  - La gestión de las medidas de adaptación al cambio climático de manera que reduzcan, y no incrementen, las desigualdades y las tensiones entre diferentes grupos. Las estrategias nacionales de adaptación deben perfilarse con miras a reducir el riesgo de conflicto y contribuir a la estrategia global de cada país para la reducción de la pobreza.

- La distribución equitativa y transparente de los beneficios generados por los recursos naturales, trabajando con las empresas para que también lo hagan (mediante proyectos como la Iniciativa para la Transparencia de las Industrias Extractivas).
- El establecimiento de un sistema judicial y una policía que generen la confianza de que los culpables de actuaciones violentas, incluyendo la violencia sexual, tendrán que rendir cuentas.
- La instauración de un sistema de gobierno que incluya a todas las comunidades y respete los derechos humanos de todas las personas, compartiendo el poder en lugar de que sea asumido sólo por los vencedores.

Solidaridad regional

Nada de esto pueden lograrlo por sí solos los gobiernos nacionales. No sólo porque puedan carecer de los recursos necesarios, sino también porque las causas de casi todos los conflictos actuales sobrepasan las fronteras nacionales, viéndose afectados por poderes regionales y de países vecinos. Se debe hacer más para apoyar a los gobiernos nacionales, y en ocasiones persuadirles contra su voluntad, para que protejan mejor a sus ciudadanos. En Europa, después del lamentable fracaso ante las guerras de los Balcanes a comienzos de los años 90, la UE ha jugado un papel fundamental para asegurar una transición pacífica en los países del Este. En parte se ha conseguido mediante el apoyo económico de la UE, pero también gracias a la perspectiva de integrarse en la UE, para lo que es condición el respeto de los derechos humanos y el trato justo de las minorías.

Las organizaciones regionales son tan diversas como lo son los gobiernos nacionales. La UA, ASEAN y otras se están desarrollando a diferente ritmo y en distintas direcciones. Ninguna de ellas, sin embargo, ha alcanzado todavía su potencial para defender los derechos de los ciudadanos en sus respectivas regiones; muchos organismos regionales parecen aún un club de jefes de Estado. Todas las organizaciones regionales deben ser capaces de abordar los desmanes de sus miembros, de manera que los africanos, por ejemplo, puedan confiar en que la Corte Africana de Justicia y Derechos Humanos pedirá cuentas ante los abusos, si no lo hacen los tribunales nacionales. Y las organizaciones regionales deben estar preparadas para suspender de sus funciones a sus miembros cuando abusen de sus propios ciudadanos.

Para ello hace falta un cambio de voluntad en la mayoría de las organizaciones regionales. La UA, la UE, ASEAN y otras deben estar más dispuestas a dar el primer paso para condenar los abusos contra los derechos humanos y los crímenes de guerra cometidos por sus miembros o por sus socios comerciales.

Deben estar más dispuestas a imponer sus propias sanciones e incentivos, y a utilizar las otras herramientas que tienen a su disposición. Desde 2007, por ejemplo, han estado listos para desplegarse los primeros 'grupos de intervención' de la UE, pero cuando aquel año hizo falta algo similar a ellos en Chad, hubo poco debate serio sobre su utilización.

También debe incrementarse de manera sustancial la capacidad de las organizaciones regionales para reducir conflictos. La UE y la UA deben garantizar que al finalizar en 2010 su primer Plan de Acción conjunto para poner en práctica la Asociación Estratégica África-UE, haya mejoras tangibles en la capacidad de la UA. El Grupo de Sabios, el Sistema Continental de Alerta Temprana y la Fuerza Africana de Intervención deben estar plenamente operativos.

La UA seguirá necesitando lo que claramente le faltó en Darfur: una financiación segura y predecible. Parte de la respuesta podría ser la ampliación del Fondo de Apoyo a la Paz en África de la UE, pero el Consejo de Seguridad y la Asamblea General de la ONU no pueden seguir eludiendo su responsabilidad para resolver esta cuestión. Los cinco miembros permanentes del Consejo y otras potencias deben ser mucho más generosos en su apoyo a la UA, ya que la mayoría rechazan la única alternativa obvia –un ejército permanente de la ONU – y no hay un plan C. Una propuesta habitual es ampliar las contribuciones obligatorias que todos los gobiernos hacen para las misiones de paz de la ONU, y que estén disponibles para operaciones llevadas a cabo por organizaciones regionales bajo mandato de la ONU (como ha sido el caso de la misión conjunta UA-ONU en Darfur). Un acuerdo de este tipo podría ser un gran avance para llegar a proporcionar a la UA los fondos que tan desesperadamente necesita. Tendría que ir, no obstante, acompañado de un compromiso serio de transparencia, rendición de cuentas y gestión profesional por parte de las organizaciones regionales.

Si la ONU quiere mantener su papel primordial en el mantenimiento de la paz y la seguridad internacionales, no puede esperar 'soluciones africanas' baratas. No puede mantener indefinidamente una brecha tan grande entre el nivel de su ambición y el de los recursos que pone a disposición de las organizaciones regionales. Al igual que para la financiación de las operaciones de paz de la ONU, hacen falta decisiones difíciles y una mayor inversión tanto de las economías consolidadas como de las emergentes.

Debemos insistir una vez más en que las fuerzas militares rara vez son el mejor medio para proteger a las personas. Como dijo Kofi Annan, sólo se consideraron para Darfur después de haber intentado todo lo demás. Tienen consecuencias imprevisibles y, en comparación incluso con la diplomacia más activa, son extremadamente caras. Si se van a utilizar, las organizaciones regionales necesitarán mucho más apoyo internacional.

Prioridades para las organizaciones regionales

- Desarrollar su capacidad y voluntad para desplegar con rapidez mecanismos de mediación y equipos diplomáticos (incluyendo funcionarios del más alto nivel, tanto en activo como retirados) para intervenir en las fases más tempranas de una crisis previsible, apoyando todo ello con los recursos y la atención política necesarios para que tengan éxito.

- Desarrollar su capacidad y voluntad para aplicar eficazmente sanciones dirigidas a líderes políticos y militares (incluyendo la expulsión o la suspensión de organismos regionales, la prohibición de viajar y la confiscación de bienes), así como incentivos, instrumentos legales y, en casos excepcionales, la utilización de la fuerza militar para proteger a los civiles.

- Ratificar y aplicar con firmeza los acuerdos regionales para el control de armas que eviten transferencias irresponsables que conduzcan a violaciones del derecho humanitario o de los derechos humanos, o a socavar el desarrollo sostenible.

Para la UE y la UA:

- Poner en práctica para 2010 todas las actuaciones sobre paz y seguridad previstas en el primer Plan de Acción de la Asociación Estratégica África-UE.

Para la comunidad internacional:

- Proporcionar una mayor financiación, segura y predecible, para apoyar a las organizaciones regionales, incluyendo contribuciones para misiones de mantenimiento de la paz autorizadas por la ONU pero llevadas a cabo regionalmente (o un acuerdo alternativo que garantice una financiación completa y segura, acompañada de transparencia, rendición de cuentas y profesionalidad para asegurar un uso eficaz de los recursos).

Apoyo internacional

Todos los gobiernos del mundo comparten la Responsabilidad de Proteger. Esto significa que la comunidad internacional debe apoyar las actuaciones que hemos descrito en cada nivel. Todos los gobiernos deben situar la protección de los civiles en el centro de su política, y no tratarla como un compromiso a medias que sólo se cumple cuando otros intereses lo permiten. Deben mostrar igualmente una tolerancia cero a los crímenes de guerra, oponiéndose a ellos los cometan amigos o enemigos.

No obstante, esta responsabilidad recae en primer lugar en el Consejo de Seguridad, ya que la Carta de la ONU le otorga la responsabilidad primordial en la paz y seguridad internacionales.

Acción multilateral

Si el Consejo de Seguridad estuviera unido, sus miembros tendrían mucha más capacidad para acordar medidas oportunas y eficaces: respaldando la acción diplomática, cuando fuera necesario, con sanciones e incentivos para impulsar su acatamiento. Ante las señales de alarma que indican la aparición de un conflicto, el Consejo debería respaldar con todo su peso una actuación diplomática temprana y al más alto nivel para evitar la violencia y proteger a los civiles. Cuando las partes enfrentadas se niegan a respetar el derecho humanitario, el Consejo debe estar más dispuesto a forzar a los líderes políticos y militares a acatarlo imponiéndoles la confiscación de bienes y la prohibición de viajar. Con frecuencia, cuando las sanciones se han orientado de forma eficaz han funcionado, como las que se impusieron a Charles Taylor en Liberia en 2001. En la actualidad, la buena voluntad del Consejo de Seguridad a imponer sanciones estrictas a Corea del Norte e Irán para hacer frente a la proliferación nuclear en estos países, no va acompañada por una disposición similar a imponer y aplicar con firmeza sanciones a los gobiernos que atacan a sus propios ciudadanos o les niegan la provisión de asistencia. Estos dobles raseros deben acabar.

El objetivo de las sanciones y los incentivos debe ser proteger de forma inmediata a los civiles y, cuando sea posible, impulsar un proceso de paz inclusivo para resolver el conflicto, aunque puede resultar una combinación difícil. Como dijo en 2008 un alto funcionario de la ONU, 'la situación ideal se da cuando hay una batería [de sanciones] en la retaguardia... pero la 'batería' no debe hacer tanto ruido que ensordezca la mediación.'[202] Diseñar sanciones eficaces no supone sólo poner en el punto de mira a los líderes, implica también parar las atrocidades en masa de forma inmediata y, al ayudar a resolver el conflicto, evitar que vuelva a ocurrir. Un estudio realizado en 2008 sobre las sanciones impuestas en 11 situaciones diferentes aportó lecciones positivas para guiar las futuras prácticas del Consejo de Seguridad de la ONU y de otros organismos.[203]

En resumen, el Consejo no sólo tiene que liderar un enfoque multilateral de la protección de los civiles, sino mostrar también un multilateralismo significativamente más *activo*. El papel del Consejo en Iraq y en Darfur ha generado una falta de confianza en su capacidad de actuar con eficacia para proteger a los civiles en crisis importantes. En 2008 el Consejo, y en especial sus miembros permanentes, deben demostrar urgentemente que pueden tomar medidas para impedir atrocidades, lo que restablecería la confianza en su capacidad de actuar.

El Consejo debe seguir supervisando el desarrollo de las operaciones de paz de la ONU para dar una mayor prioridad a la protección de los civiles –incluida la protección de la violencia sexual – por ejemplo patrullando los caminos inseguros que supongan un mayor riesgo para las mujeres. Asimismo debe pedir al secretario general que le proporcione mucha más información, a tiempo y de forma sistemática, sobre las amenazas que afrontan los civiles, incluyendo la violencia sexual y de género, así como sobre las situaciones en las que se les deniega su derecho a recibir asistencia humanitaria. Esto debe constituir una parte esencial de la aplicación de la resolución 1325 del Consejo sobre el papel de las mujeres en los conflictos, y de la Responsabilidad de Proteger del Consejo.

Nada de esto es difícil de imaginar. Pero es muy diferente del actual Consejo en el que, con demasiada frecuencia, sus miembros permanentes, uno tras otro, bloquean actuaciones que perciben contrarias a sus intereses o a sus aliados. En conjunto, la comunidad internacional no tiene que llegar a nuevos acuerdos para la protección de los civiles, pero sí debe afrontar la falta de directrices internacionales para proteger a las personas que escapan de la destrucción ambiental, y la falta de acuerdo sobre directrices para evitar el reclutamiento de niños y niñas soldado.

Tratado sobre Comercio de Armas, ¿es posible un mundo guiado por la ley?

Sin embargo, uno de los mayores vacíos en el sistema internacional es la falta de un mecanismo efectivo para controlar el comercio de armas. Desde 2006, la mayor parte de los gobiernos se han comprometido a cubrir esa laguna mediante un rotundo Tratado sobre Comercio de Armas legalmente vinculante, y basado en sus responsabilidades ya existentes bajo el derecho internacional. Ahora deben concluir con urgencia un tratado lo suficientemente sólido para que sea efectivo en la práctica. Los principios que orienten todas las decisiones de los gobiernos sobre transferencias de armas, y que deben constituir el núcleo del nuevo tratado, han de ser el respeto a los derechos humanos y al derecho humanitario internacional, y la determinación de no socavar el desarrollo sostenible.

No obstante, ningún tratado puede hacer frente a todos los problemas derivados de la proliferación de las armas convencionales. Hace falta mucho más apoyo para las comunidades locales, los gobiernos nacionales y las organizaciones regionales que dan sus propios pasos para retirar de la circulación las armas ya existentes, y que intentan detener el flujo de nuevas armas y munición.

Pero lo más urgente de todo es que los gobiernos afronten el daño inaceptable que causan a los civiles las bombas de racimo, aplicando con rotundidad el acuerdo global de prohibición alcanzado en mayo de 2008 por más de 100 gobiernos. Como ha dicho Ban Ki-moon en 2008: 'Si nos ocupamos con decisión de las bombas de racimo, podemos reducir las muertes, el sufrimiento y las privaciones de los civiles atrapados en los conflictos'.[204]

Prioridades globales

Las prioridades del Consejo de Seguridad de la ONU, en especial de sus cinco miembros permanentes –EE UU, China, Rusia, Francia y Reino Unido – deben ser:

- Demostrar su capacidad y voluntad de desplegar con rapidez equipos diplomáticos y de mediación, incluso al más alto nivel, para intervenir ante las primeras señales de una crisis previsible; y apoyarlos con los recursos y la atención política que requieren para tener éxito. No se puede pretender que las operaciones de paz consigan lo que sólo se puede lograr con acuerdos políticos.

- Mostrar una mayor voluntad para imponer las oportunas sanciones –confiscación de bienes, prohibición de viajar, etc.– a los líderes militares y políticos con el fin de evitar y poner fin al genocidio, los crímenes de guerra y los crímenes contra la humanidad (incluyendo la violencia sexual), y para reforzar la colaboración con la Corte Penal Internacional.

- Asegurar la mejora continua de las operaciones de paz de la ONU y de otros organismos para proteger activamente a los civiles, incluida la protección de la violencia sexual. Esto debe incluir la preparación de módulos de formación sobre la doctrina de la ONU relativa a la protección de civiles, con un desglose detallado de las medidas específicas que se deben aplicar.

- Pedir al secretario general que le proporcione mucha más información, a tiempo y de forma sistemática, sobre las amenazas que afrontan los civiles, incluyendo la violencia sexual y de género, así como sobre las situaciones en las que se les deniega su derecho a recibir asistencia humanitaria; y situar estas consideraciones en el centro de sus debates, incluyendo la creación de grupos de trabajo específicos y mecanismos de supervisión e información.

- Asegurar una financiación completa y segura de la UA –incluyendo la Fuerza Africana de Intervención – y de otras misiones regionales de mantenimiento de la paz autorizadas por el Consejo de Seguridad, mediante contribuciones de los Estados miembros de la ONU (o por otro medio efectivo).

- Garantizar la formación de todo el personal civil y militar de las misiones de paz de la ONU en lo que respecta a violencia sexual, roles de género específicos de la cultura local, y desequilibrios de poder en las relaciones entre hombres y mujeres, y entre los integrantes de las misiones de paz y la población local. Toda misión de la ONU debe facilitar al Consejo de Seguridad información completa sobre el peligro de violencia sexual y sus resultados a la hora de reducirlo.

- Adoptar unos principios claros sobre cuándo es legítimo, y cuándo no, autorizar el uso de la fuerza para proteger a los civiles, en base a los propuestos por Kofi Annan en su informe de 2005 *Un Concepto más Amplio de la Libertad.*

Y para *todos* los gobiernos las prioridades, en el contexto internacional, deben ser:

- Trabajar activamente para proteger a los civiles –cumpliendo su Responsabilidad de Proteger de las peores atrocidades – como una piedra angular de toda política exterior. Esto debe incluir el desarrollo de capacidades diplomáticas y militares a escala nacional.

- Rechazar con firmeza los abusos contra el derecho humanitario y los derechos humanos, incluida la violencia sexual, sin ignorar los cometidos por los aliados.

- Aplicar de manera estricta el derecho humanitario internacional, evitando toda acción militar cuyo impacto sobre los civiles pueda resultar desproporcionado con relación a los beneficios de esa acción militar concreta (no de toda la campaña). Los beneficios inciertos y a largo plazo de una campaña militar no justifican la muerte de civiles.

- Presionar para que se apruebe lo antes posible y se aplique de forma rigurosa un Tratado sobre Comercio de Armas eficaz, a fin de evitar transferencias irresponsables de armas que conduzcan a violaciones del derecho humanitario o de los derechos humanos, o socaven un desarrollo sostenible.

- Ratificar y aplicar de forma rigurosa la convención sobre Bombas de Racimo, que prohíbe todas las bombas de racimo, y que se deberá firmar en diciembre de 2008 en Oslo.

- Proteger a quienes piden asilo en su territorio tras haber escapado de la violencia y la persecución en cualquier otro lugar. Deben tratar a los solicitantes de asilo con justicia y dignidad, y no enviarles de vuelta a lugares en los que corran peligro.

- Cumplir los Objetivos de Desarrollo del Milenio, y en concreto incrementar la ayuda internacional continuada para la reconstrucción después de los conflictos –centrándose en el acceso equitativo a los servicios esenciales y en proporcionar medios de vida pacíficos para todos –. Incrementar también el porcentaje de la ayuda internacional que se destina a países que corren el riesgo de sufrir un conflicto. Esto sólo será posible si los países ricos cumplen sus promesas de destinar a la ayuda exterior el 0'7 por ciento de su renta nacional, y de adjudicar al menos el 20 por ciento de esa ayuda a los servicios esenciales. En el diseño de la ayuda al desarrollo a estos países se deben utilizar de forma sistemática evaluaciones de los conflictos que tengan en cuenta los puntos de vista de las poblaciones afectadas.

- Crear normas internacionales efectivas dirigidas a todas las empresas que extraen recursos naturales en países en riesgo de conflicto, en base a la Iniciativa para la Transparencia de las Industrias Extractivas (ITIE) y el Proceso de Kimberly (para la certificación de diamantes). Su objetivo debe ser garantizar que:
  - la adjudicación de los derechos de explotación de los recursos se realiza mediante un proceso transparente;
  - las empresas comparten con los gobiernos nacionales los riesgos de la extracción; y
  - los ingresos se pagan de forma transparente a los gobiernos, y de forma transparente se destinan a la reducción de la pobreza.
- Trabajar con las empresas nacionales y multinacionales para asegurar que cumplen las Directrices para Empresas Multinacionales de la OCDE, y las prácticas empresariales sensibles al conflicto, [205] y considerar la aplicación de los procedimientos de la ITIE a la construcción y a otras industrias.
- Frenar el cambio climático, alcanzando objetivos globales de emisiones de gases de efecto invernadero que permitan mantener el incremento global de temperaturas por debajo de los 2º C, y presionar en las actuales negociaciones de la ONU en favor de un acuerdo post-Kioto que resulte eficaz para reducir las emisiones globales de CO2 en más del 50%, en 2050, con respecto a los niveles de 1990.
- Dar prioridad en las estrategias nacionales de adaptación al cambio climático a los grupos más vulnerables. Los gobiernos con una mayor responsabilidad en el cambio climático, y con más recursos, deben proporcionar al menos 50.000 millones de dólares para ayudar a los países en desarrollo más vulnerables a adaptarse, incluyendo aquellos que se ven afectados por conflictos. Las estrategias nacionales de adaptación deben considerar cómo reducir el riesgo de conflicto, fortaleciendo a las comunidades y asegurando que el cambio climático no aumenta peligrosas desigualdades entre diferentes grupos.

Protección humanitaria

Muchas agencias humanitarias dedican un porcentaje significativo de sus recursos a proporcionar seguridad a las personas, además de satisfacer sus necesidades físicas. Oxfam Internacional es una de ellas.

Esto es positivo y debe continuar. Sin embargo, lo que las organizaciones humanitarias pueden hacer para ayudar a proteger a las personas tiene sus limitaciones, y nunca podrán ofrecer la protección física que a menudo se requiere. De hecho, en muchos casos, la acción más eficaz de una agencia humanitaria es trabajar con las personas en riesgo para pedir que su gobierno cumpla con su Responsabilidad de Proteger, y apoyar las acciones de base que la gente emprende buscando su propia seguridad.

Para que su trabajo de protección sea más eficaz, las agencias humanitarias deben:

- Desarrollar un 'cluster' de protección –en el que una agencia lidera una respuesta coordinada – como un medio eficaz para identificar las prioridades y pasar a la acción, así como rendir cuentas sobre el trabajo realizado para abordar las necesidades de protección, no sólo de las personas desplazadas, sino de todas las afectadas.
- Asegurarse de que todos los programas humanitarios se analizan cuidadosamente con la participación activa de los beneficiarios para evitar que aumenten las amenazas a las que se enfrentan y, siempre que sea posible, las reduzcan. La evaluación de las amenazas para la seguridad de todas las personas, incluyendo las diferentes amenazas a las que se enfrentan mujeres, hombres, niños y niñas, y los diferentes grupos, debe ser una parte esencial del diseño de los programas para lograr una buena ayuda humanitaria.

Todo programa humanitario que se desarrolle en una zona afectada por un conflicto (en realidad todo programa de desarrollo y reconstrucción) debe incluir una evaluación de los riesgos que afrontan los civiles y de cómo puede ayudar una agencia a reducirlos. Toda agencia debe invertir en especialistas en protección y formar a su personal para que sistemáticamente detecte las amenazas y los métodos para reducirlas.

Una agenda para un mundo multipolar

Qué elegir

No hay garantías de que lo dicho anteriormente vaya a cumplirse, pero todo apunta a un acusado distanciamiento del 'viejo orden mundial', caracterizado por la actuación contradictoria del Consejo de Seguridad y la conducta de EE UU en la larga 'guerra contra el terror'.

Es, sin embargo, un nuevo camino que se presenta ante el mundo multipolar que se avecina, si las potencias clave del futuro, y en realidad todos los gobiernos, tienen el coraje de emprenderlo.

Es su decisión entrar o no en la nueva senda hacia la paz que hemos descrito. Es la opción lógica, porque a todos los gobiernos les interesa un mundo más pacífico. Pueden seguir haciendo frente a las amenazas a la seguridad internacional como hasta ahora, con la actuación de la 'guerra contra el terror' ampliamente desacreditada, y con algunas de las nuevas potencias del Sur comportándose igual que las viejas potencias occidentales, más preocupadas por sus intereses políticos y comerciales a corto plazo que por la protección de los civiles. O pueden optar por concluir el trabajo iniciado con la Declaración Universal de Derechos Humanos, los Convenios de Ginebra y el establecimiento de las Naciones Unidas, y construir un sistema internacional basado en la ley, en el que las normas se apliquen sin miedo y sin favores, y en el que se proteja a los civiles tanto si las amenazas vienen de los terroristas como si proceden de los gobiernos.

Ésta es la elección que tienen que hacer los gobiernos que en los próximos diez años van a ser los principales 'polos' de un mundo multipolar. China y EE UU, por supuesto, pero también India, Rusia, Brasil, Japón y Sudáfrica, y quizás otra media docena de los países del Sur más destacados, desde Indonesia hasta Nigeria. El mundo multipolar incluirá también a la UE, si ésta es capaz de aprender a mirar más hacia el exterior, y no tanto a los cambios y divisiones internas que, hasta ahora, han dominado su historia. Y estará incluido el mundo de los negocios a escala global –agrupado en iniciativas como el Foro Económico Mundial – si el sector privado reconoce que es necesaria la protección de los civiles para conseguir la estabilidad que requieren los negocios.

Perspectivas de éxito

En la campaña para las presidenciales de EE UU de 2008, todos los candidatos serios han considerado la necesidad de una política exterior con un mayor consenso, en la que EE UU lidere más con el ejemplo que con el uso unilateral de la fuerza. Es un signo positivo que apunta a que el nuevo presidente que llegue a la Casa Blanca en 2009 será capaz de hacer algo para restablecer la capacidad del país de ejercer un liderazgo moral, lo que sólo será posible si EE UU asume un sólido liderazgo en la protección de los civiles en el mundo, defendiendo con firmeza el derecho humanitario internacional. Si esto ocurre, EE UU tendrá un enorme potencial para ayudar a proteger a los civiles del genocidio y los crímenes de guerra.

En el largo plazo, EE UU tiene ante sí la elección de cómo adaptarse a un mundo cambiante. Como escribió en 2008 G. John Ikenberry, profesor de asuntos internacionales de Princeton:

> El 'momento unipolar' finalmente se acabará. La dominación de EE UU tocará a su fin. En consecuencia, la estrategia de EE UU debe estar guiada por una pregunta clave: ¿qué tipo de orden internacional querría para cuando tenga menos poder?[206]

Como escribió Sherle Schwenninger de la New America Foundation, no se trata sólo de salvaguardar los valores americanos, sino también los intereses de EE UU, que 'debe aceptar la realidad de un mundo multipolar, comprometiéndose de nuevo con la visión del mundo que tenían Franklin Delano Roosevelt y sus asesores cuando propusieron la creación de las Naciones Unidas... En un mundo multipolar, a EE UU le interesa intentar limitar la libertad de otras potencias con el derecho y las instituciones internacionales.[207] Para ello, es fundamental respetar el derecho humanitario internacional, con las limitaciones que impone a todas las partes enfrentadas en una guerra.

China también debe decidir cómo va a abordar las cuestiones de seguridad internacional. En 2007, el presidente Hu Jintao dijo que 'la tendencia hacia un mundo multipolar es irreversible'. Un mundo en el que China tendrá un papel de liderazgo.[208] A medida que se convierte en una potencia global, no debe tener miedo –como tampoco EE UU – a las normas internacionales, sino ayudar a configurarlas. Esto implica incluir como una prioridad en su política exterior la protección de los civiles, y el respeto internacional que conlleva. En la actualidad, China contribuye con más personal a las misiones de paz de la ONU que ningún otro miembro permanente del Consejo de Seguridad, salvo Francia. Ha elaborado una política sobre Darfur, Zimbabwe y otros, y ha visto cómo su reputación internacional depende de ello.

India, que busca un asiento permanente en el Consejo de Seguridad, tiene también un gran potencial si utiliza la autoridad moral que le confiere ser la mayor democracia del mundo para ayudar a dirigir la acción internacional hacia la protección de los civiles en todo el mundo. Durante años ha jugado un papel fundamental, al igual que otros países del Sur de Asia, al contribuir con un porcentaje elevado del personal de las misiones de paz de la ONU. Ahora se enfrenta a la decisión de consolidar este papel con una diplomacia más proactiva para resolver las crisis mundiales más graves, y para situarse en primera línea en la elaboración de acuerdos internacionales como el Tratado sobre Comercio de Armas, encaminados a ese fin.

En realidad, se enfrentan al mismo reto todos aquellos países que aspiran a un puesto permanente en el Consejo de Seguridad o a jugar un papel más destacado en los asuntos internacionales, Japón, Alemania y Brasil, incluidos. A mayor peso, mayor es la responsabilidad, y también el desafío. Lo oportuno de sus respuestas ante futuras crisis pondrá a prueba el compromiso de todos estos gobiernos para estar a la altura de este desafío. Pero también se les juzgará por su liderazgo para construir un sistema internacional más eficaz regido por la ley.

En ese contexto, el Tratado sobre Comercio de Armas descrito anteriormente es más que una convención internacional para controlar las transferencias de armas. Será la prueba más clara de si EE UU, China y otras potencias como Rusia e India pueden trabajar con la mayoría de la opinión pública mundial para acordar normas globales que den respuesta a todos sus intereses.

Poder acorde con los resultados

No incumbe sólo a las principales potencias del mundo multipolar decidir si cumplen o no su Responsabilidad de Proteger; todos los gobiernos deben demandárselo. En 2008, el Consejo de Seguridad no rinde cuentas ante nadie. El extraordinario poder que se confiere a sus miembros no depende de su desempeño en el cumplimiento del objetivo del Consejo de mantener 'la paz y la seguridad internacionales'.

En los próximos años, el Consejo puede proceder o no a la reforma de su estructura para acceder a las demandas de Alemania, Japón, India, Brasil y otros de ser miembros permanentes. Sin embargo, para la protección de los civiles, lo más importante no es probablemente la estructura del Consejo, sino que se alcance un nuevo nivel de transparencia y exigencia de responsabilidades, en el que sus miembros tengan que rendir cuentas de su actuación en búsqueda de la paz y la seguridad internacionales, incluyendo su Responsabilidad de Proteger. Por ello, nuestras recomendaciones finales son que:

- El Consejo de Seguridad debe incluir en su informe anual a la Asamblea General un análisis de los pasos que ha dado para cumplir con su Responsabilidad de Proteger a los civiles de los crímenes de guerra, el genocidio, la limpieza étnica y los crímenes contra la humanidad.
- Cada miembro del Consejo debe fomentar esta creciente rendición de cuentas incluyendo en sus declaraciones anuales ante la Asamblea General sus contribuciones específicas al cumplimiento de su Responsabilidad de Proteger.
- Los miembros permanentes deben renunciar al uso del veto cuando el

Consejo aborde situaciones de crímenes de guerra, genocidio, limpieza étnica o crímenes contra la humanidad, en curso o incipientes.

- El Consejo de Seguridad debe hacer realidad su compromiso de incrementar el recurso a las reuniones abiertas, y convocarlas, de forma habitual y lo antes posible, ante cualquier situación, en curso o incipiente, en la que se produzcan crímenes de guerra, crímenes contra la humanidad, limpieza étnica o genocidio.

- El Consejo de Seguridad debe incrementar su compromiso con los actores de la sociedad civil, en particular con las comunidades que estén sufriendo o corran el riesgo de sufrir crímenes de guerra, genocidio, limpieza étnica o crímenes contra la humanidad. El Consejo debe viajar con mucha más frecuencia a las regiones en las que los civiles corren más peligro y convocar de forma habitual reuniones privadas con representantes de las comunidades afectadas y con aquellos que trabajan para apoyar su derecho a recibir protección y ayuda.

Un mujer de República Democrática del Congo recoge leña para su familia desplazada (2007).

Marie Cacace/Oxfam

6

Conclusión:
elegir el futuro

Son muchas las personas que se compadecen del sufrimiento de los civiles, pero piensan que tienen poco que ver con ellas, o que no se puede hacer nada. Esto no es cierto. Se *está* haciendo mucho, como hemos descrito en el Capítulo 3. Y se podría hacer mucho más, si los gobiernos y otros actores deciden hacerlo. En el Capítulo 5 se han descrito las decisiones que pueden tomar.

Proteger a los civiles beneficia a todos, excepto a los criminales de guerra y a aquellos que, como los exportadores y comerciantes irresponsables de armas, sacan beneficio de los conflictos. En nuestro mundo globalizado, ninguno de nosotros es inmune a los conflictos alimentados por ciclos de violencia a miles de kilómetros de distancia. El primer paso para reducir el miedo y las hostilidades es proteger a los civiles y comenzar el largo camino hacia la paz. Cumplir con la Responsabilidad de Proteger no es sólo lo correcto. En un mundo globalizado, es la opción lógica.

Los gobiernos ya no pueden esconderse de la atención internacional cuando abusan de sus ciudadanos, y ninguno es completamente inmune a la censura internacional que ello provoca. Y cuando otros gobiernos no actúan para proteger a los civiles al otro lado del mundo, pocos son inmunes al desencanto de sus propios ciudadanos, que esperan de ellos que ayuden a *prevenir* –y no se limiten sólo a condenar – las atrocidades que sacuden la conciencia del mundo.

En 2008, el Consejo de Seguridad de la ONU no ha recuperado todavía su reputación después de su fracaso para impedir la invasión de Iraq, y de su continuo fracaso para poner fin al sufrimiento en Darfur y en otros lugares. Debido precisamente a su papel preeminente, la reputación internacional de EE UU y de China está inexorablemente vinculada al éxito o al fracaso en la solución de estas crisis. Como el resto de los gobiernos, tienen un interés moral en una actuación más efectiva para proteger a los civiles.

El alcance de ese interés moral depende de una cosa: cuánta presión ejercen los ciudadanos sobre sus gobiernos para que protejan a los civiles, cuánto pueden hacer ver su *no indiferencia* (empleando las palabras de la constitución de la UA) al genocidio, los crímenes de guerra y los crímenes contra la humanidad. Desde Colombia hasta Uganda, esa presión la están ejerciendo ya las comunidades locales y la sociedad civil. Y en todo el mundo, las campañas contra la guerra de Iraq, por la paz en Darfur, la campaña *Armas bajo Control* y ahora la Coalición Mundial por la Responsabilidad de Proteger, representan la solidaridad con los

Jonathan Hyams

Antiguos niños soldado juegan al fútbol en su comunidad, en el campo de Acet IDP, distrito de Gulu, al norte de Uganda (2006).

civiles que sufren en los conflictos. Esos esfuerzos unas veces tienen éxito y otras no. El reto ahora está en unificar toda esa acción y expandirla en un movimiento global en favor de los derechos de los civiles. Sólo un movimiento global para defender los derechos de las personas en situaciones de crisis puede hacer que todos los gobiernos vean lo que algunos ya ven: que su propio interés puede coincidir fielmente con la necesidad moral de respetar el derecho de los civiles a ser protegidos.

Notas

1. Esta mujer, cuyo nombre se ha ocultado por razones de seguridad, fue entrevistada por Human Rights Watch en Kiwanja el 15 de mayo de 2007. Human Rights Watch (2007) 'Renewed Crisis in North Kivu', Nueva York: Human Rights Watch, pp. 28–9.

2. La media diaria desde enero de 2006 hasta abril de 2007 fue de 1.493, calculada por Oxfam en base a datos publicados por el International Resue Committee. Esta cifra incluye muertes directa e indirectamente atribuibles al conflicto de RDC. International Resue Committee (2008) 'Congo Special Report', Nueva York: International Resue Committee, www.theirc.org/special-report/congo-forgotten-crisis.html (consultado el 19 de febrero de 2008).

3. Esta estimación se basa en cifras anuales de aproximadamente 500.000 en RDC; 200.000 en Iraq (BBC News (2006) '"Huge rise" in Iraq death tolls', 11 de octubre, http://news.bbc.co.uk/1/hi/world/middle_east/6040054.stm, consultado el 13 de marzo de 2007); y 70.000 en Darfur (BBC News (2006) 'Darfur toll "at least 200,000"', 15 de septiembre, informando sobre un estudio de la Universidad de North West, publicado en *Science*, septiembre de 2006: http://news.bbc.co.uk/1/hi/world/africa/5347988.stm, consultado el 13 de marzo de 2007) y en la cifra del Departamento de Estado de EE UU de 20.498 muertos a causa del terrorismo global en 2006 (Departamento de Estado de EE UU (2007) 'Country Reports on Terrorism 2006', Publicación del Departamento de Estado de EE UU 11409, Washington DC: Departamento del Coordinador de Contraterrorismo, p. 26). Un porcentaje significativo de esas muertes se produjo en Iraq, y por tanto algunas de ellas son atribuibles tanto al terrorismo global como al conflicto de Iraq. Como todas las estimaciones de las bajas producidas en conflictos, nuestra estimación del porcentaje de bajas del terrorismo global y de estos tres conflictos debe considerarse como una estimación general.

4. Heidelberg Institute for International Conflict Research (2007) 'Heidelberg Conflict Barometer', www.hiik.de/konfliktbarometer/pdf/ConflictBarometer_2007.pdf (consultado el 8 de enero de 2008). Para este informe, hemos combinado las dos categorías más elevadas de crisis del Barómetro, que en 2007 incluía seis guerras y 25 crisis graves.

5. UNHCR (2007) '2006 Global Trends: Refugees, Asylum Seekers, Returnees, Internally Displaced and Stateless Persons', www.unhcr.org/statistics/STATISTICS/4676a71d4.pdf (consultado el 5 de diciembre de 2007); UNRWA (2006) 'UNRWA in figures', www.un.org/unrwa/publications/pdf/uif-dec06.pdf (consultado el 5 de diciembre de 2007). En 2006, 1.946.270 personas se convirtieron en refugiadas. De ellas, 1.218.446 (62,6 por ciento) procedían de Iraq y Afganistán.

6. BBC News (2008) 'Iraqi asylum seeker number jump', 18 de marzo, http://news.bbc.co.uk/1/hi/world/middle_east/7301985.stm (consultado el 19 de marzo de 2008).

7. Ban Ki-moon (2007) 'Secretary-General's Report on the Protection of Civilians in Armed Conflict', UN ref S/2007/643, p. 8.

8. A partir de una entrevista en terreno llevada a cabo por Elaheh Rostami Povey, 2007.

9. International Rescue Committee (2008) *op.cit.*

10. D. Smith y J. Vivekananda (2007) '*A Climate of Conflict: The Links between Climate Change, Peace and War*', Londres: International Alert, www.international-alert.org/climate_change.php (consultado el 15 de noviembre de 2007).

11. P. Collier (2007) *The Bottom Billion: Why the Poorest Countries are Failing and What can be Done About it*, Oxford: Oxford University Press, p. 32.

12. E. Evans (2008) 'European Security in 2020: straw poll of policy-makers and research experts', *Global Dashboard: Notes from the Future*, www.globaldashboard.org/ conflictand-security/european-security-in-2020-straw-poll-of-policymakers-and-research-experts/ (consultado el 7 de febrero de 2008).

13. Declaración Universal de Derechos Humanos (1948) 'Preámbulo y Artículo 3', www.un.org/spanish/aboutun/hrights.htm (consultado el 4 de diciembre de 2007).

14. Asamblea General de Naciones Unidas (2005) 'Resultados de la Cumbre Mundial de 2005', *Artículos* 138 y 139, Nueva York: Naciones Unidas.

15. L. Harbom y P. Wallensteen (2005) 'Armed conflict and its international dimensions, 1946–2004', *Journal of Peace Research* 42(5): 623–35.

16. P. Collier (2007) *op.cit.*, p. 31.

17. La estimación del coste para la economía estadounidense fue de 3 billones de dólares, y una cantidad probablemente similar para el resto del mundo. J. Stiglitz y L. Bilmes (2008) *The Three Trillion Dollar War*, Nueva York: Allen Lane, www.bbc.co.uk/blogs/news-night/2008/02/the_three_trillion_dollar_war_by_stiglitz_and_bilm_1.html (consultado el 27 de febrero de 2008).

18. P. Collier (2007) *op.cit.*, p. 32.

19. Oxfam Internacional, IANSA y Saferworld (2007) *'Africa's missing billions: international arms flows and the cost of conflict'*, Oxford: Oxfam GB, p. 2.

20. R. Cooper (2003) *The Breaking of Nations: Order and Chaos in the Twenty-first Century*, Londres: Atlantic Books.

21. International Alert (2006) 'Local Business, Local Peace: the Peacebuilding Potential of the Domestic Private Sector', Londres: International Alert, pp. 269–70.

22. International Crisis Group (2006) 'Beyond Victimhood: Women's Peacebuilding in Sudan, Congo and Uganda', www.peacewomen.org/resources/1325/PDF/beyond_victimhood_PB.pdf (consultado el 10 de marzo de 2008), p. 17.

23. Human Security Centre (2006) 'Human Security Briefing 2006', Universidad de la Columbia Británica, p. 19.

24. Departamento de Seguridad de la ONU (2007) *'Uganda Daily Security Report'*, p. 4; Departamento de Seguridad de la ONU (2007) 'A Brief Overview of the Security Situation in Northern Uganda During the Period 1 July–31 December 2006', Volumen III, p. 1.

25. Comunicación de lo Schmid al autor, Oxfam GB, Kampala, septiembre de 2007.

26. M. C. Omanyondo (2004) 'Sexual Gender-Based Violence And Health Facility Needs Assessment', Liberia: Organización Mundial de la Salud.

27. Consejo de Seguridad de las Naciones Unidas (2006) *'Resolución 1674'*, Nueva York: Naciones Unidas.

28. La Campaña Internacional para la Prohibición de las Minas (2007) da una cifra de 5.751 bajas registradas en 2006 *'Landmine Monitor Report 2007'*, www.icbl.org/lm/2007/ (consultado el 7 de marzo de 2008). La Campaña Internacional para la Prohibición de las Minas considera que, debido a la recogida inadecuada de datos, esta cifra es significativamente inferior a la realidad. El informe de 2007 comparaba esta cifra con estimaciones anteriores de 15–20.000 bajas anuales. El informe *'Landmine Monitor Report 2001'* daba una cifra de 26.000, www.icbl.org/lm/2001 (consultado el 7 de marzo de 2008).

29. G. J. Ikenberry (2008) 'The rise of China and the future of the West: can the liberal system survive?', *Foreign Affairs* 87(1): 2 y 7, www.foreignaffairs.org/20080101faessay87102/g-john-ikenberry/the-rise-of-china-and-the-future-of-the-west.html?mode=print (consultado el 7 de febrero de 2008).

30. J. Nye (2002) 'Is America too powerful for its own good?', *The Observer*, 10 de febrero, www.guardian.co.uk/world/2002/feb/10/usa.georgebush1 (consultado el 21 de febrero de 2008).

31. Ver, por ejemplo, International Alert (2005) 'Conflict Sensitive Business Practice: Guidance for Extractive Industries', Londres: International Alert, www.internationalalert.org/our_work/themes/business_1a.php (consultado el 7 de marzo de 2008).

32. International Rescue Committee (2008), *op.cit.*

33. Entrevista con Jane Beesley, Oxfam GB, febrero de 2004.

34. B. Coghlan, R. J. Brennan, P. Ngoy *et al.* (2006) 'Mortality in the Democratic Republic of Congo: a nationwide survey', *The Lancet*, www.theirc.org/resources/DRCMortality0106Study.doc (consultado el 4 de diciembre de 2007).

35. G. Burnham, R. Lafta, S. Doocy y L. Roberts (2006) 'Mortality after the 2003 invasion of Iraq: a cross-sectional cluster sample survey', *The Lancet*, http://web.mit.edu/cis/lancet-study-101106.pdf (consultado el 4 de diciembre de 2007). El número total de bajas desde marzo de 2003 hasta julio de 2006, estimado en 654.965, se dividió por 1.217, el número de días de ese periodo de tiempo.

36. Para las cifras de Filipinas ver: IDMC (2007) 'Between 135,000 and 159,000 people displaced by conflict in 2007' diciembre, www.internal-displacement.org/idmc/website/countries.nsf/ (httpEnvelopes)/82DCD1D835A2CEE4C12572900037B01D?OpenDocument#sources (consultado el 11 de marzo de 2008). Para las cifras de Darfur ver: Amnistía Internacional (2008) 'Sudan, Displaced in Darfur: A Generation of Anger', Londres: Amnistía Internacional, www.inter-nal-displacement.org/8025708F004CE90B/(httpDocuments)/E44D5D9A95604931 C12573D800435D54/$file/afr540012008eng.pdf (consultado el 11 de marzo de 2008). Para las cifras de Sri Lanka ver: International Crisis Group (2008) 'Sri Lanka's Return to War: Limiting the Damage', *Asia Report* N°146 – 20 de febrero, www.crisisgroup.org/library/documents/asia/ south_asia/sri_lanka/146_sri_lanka_s_return_to_war___limiting_the_damage.pdf (consultado el 11 de marzo de 2008), p. 2. Para las cifras de Afganistán ver: Amnistía Internacional (2007) 'Amnesty International Report 2007', Londres: Amnistía Internacional, p. 47; y Ban Ki-Moon (2008) 'Report of the Secretary-General on situation in Afghanistan and its implications for international peace and security', S/2008/159 6 de marzo de 2008, http://daccessdds.un.org/doc/ UNDOC/GEN/N08/255/80/PDF/N0825580.pdf?OpenElement (consultado el 11 de marzo de 2008). Todas las cifras son necesariamente estimaciones y sólo pretenden ser ilustrativas.

37. Y. Erturk, Informe Especial de la Oficina del Alto Comisionado de las Naciones Unidas para los Refugiados (UNHCR, por sus siglas en inglés) sobre violencia contra las mujeres (2007) 'South Kivu: 4,500 sexual violence cases in the first six months of this year alone', www.monuc.org/news.aspx?newsID=15065 (consultado el 4 de diciembre de 2007).

38. Informe del Consejo de Seguridad (2007) 'Protección de Civiles en Conflictos Armados', Nueva York: Naciones Unidas, p. 2.

39. No damos su nombre completo para proteger su seguridad. Entrevista con Jane Beesley, Oxfam GB, 8 de noviembre de 2007.

40. UNHCR (2007) *op.cit.*; UNRWA (2006) *op.cit.* En 2006, 1.946.270 personas se convirtieron en refugiadas. De ellas, 1.218.446 (62,6 por ciento) procedían de Iraq y Afganistán.

41. Human Rights Watch (2007) 'Shell-Shocked: Civilians Under Siege in Mogadishu', Nueva York: Human Rights Watch, p. 4.

42. M. O'Hanlon (2008) 'Protecting Civilians in Peril: US Doctrine and Practice', informe para Oxfam, p. 13.

43. International Rescue Committee (2008) *op.cit.*

44. M. Frostrup (2007) 'Save us from the hell of Darfur, say refugees', The Observer, 9 de septiembre.

45. Entrevista con Jane Beesley, Oxfam GB, mayo de 2007.

46. P. Collier (2007) *op.cit.*, p. 32.

47. *Ibid.*

48. L. Harbom y P. Wallensteen (2005) *op.cit.*

49. P. Collier (2007) *op.cit.*, p. 31.

50. La estimación del coste para la economía estadounidense fue de 3 billones de dólares, y una cantidad probablemente similar para el resto del mundo. J. Stiglitz y L. Bilmes (2008) *op.cit.*

51. M. E. Brown y R. N. Rosecrane (1999) The Costs of Conflict: Prevention and Cure in the Global Arena, Nueva York: Carnegie Corporation, www.wilsoncenter.org/subsites/ccpdc/pubs/costs/cosfr.htm (consultado el 16 de enero de 2008).

52. M. Chalmers (2005) 'Spending to Save: Is Conflict Prevention Cost-Effective?' Documento de trabajo 1, Centre for International Cooperation and Security, Universidad de Bradford.

53. R. Cooper (2003) *op.cit.*

54. D. Miliband (2007) 'Europe 2030: Model Power not Superpower', conferencia en el College of Europe, Brujas, 15 de noviembre.

55. De hecho, la combinación de una actuación eficaz de Estados que tienen que rendir cuentas y de ciudadanos activos es un elemento central de todo desarrollo y seguridad humana. Este tema se aborda en el libro de Oxfam: D. Green (2008) *From Poverty to Power*, Oxford: Oxfam Internacional.

56. Revista Cambio, 25–31de octubre de 2007, no. 747, p. 48.

57. Consejo de Seguridad de Naciones Unidas (2007) 'Security Council deeply concerned about 'pervasive' gender-based violence', www.un.org/News/Press/docs/2007/sc9151.doc.htm (consultado el 20 de marzo de 2008).

58. Oxfam GB (2007) 'Evidence and Reflections from Protection Assessments in North Kivu and Ituri, February 2007', documento interno, 30 de abril de 2007.

59. C. McGreal (2007) 'Hundreds of thousands of women raped for being on the wrong side', *The Guardian*, 12 de noviembre, www.guardian.co.uk/international/story/0,,2209383,00.html (consultado el 14 de noviembre de 2007).

60. Se registraron 2.376 ataques en enero y febrero de 2008: Fondo de Naciones Unidas para la Población, declaración de Kristina Bayangana en el Humanitarian Advocacy Group, Kinshasa, 28 de marzo de 2008.

61. C. Manani (2006) 'Ambush in Burundi', en *'Survivors: women affected by gun violence speak out'*, Londres: IANSA, p. 1.

62. Ban Ki-moon (2007) 'Informe del Secretario General sobre la Portección de Civiles en los Conflictos Armados', *op.cit.*, p. 12.

63. W. Russell (2007) 'Sexual violence against men and boys', *Forced Migration Review* 27: 22.

64. Entrevista con Jane Beesley, Oxfam GB, mayo de 2007.

65. O. Otunnu (2005) '"Era of Application": Instituting a Compliance and Enforcement Regime for CAAC', declaración en la reunión del Consejo de Seguridad de Naciones Unidas sobre Niños y Conflictos Armados, Nueva York, 23 de febrero.

66. BBC News (2008) '"Al-Qaeda boys" in training video', 7 de febrero, http://news.bbc.co.uk/1/hi/world/middle_east/7231829.stm (consultado el 7de febrero de 2008).

67. Human Rights Watch (2003) 'You Will Learn Not to Cry: Child Combatants in Colombia', www.hrw.org/reports/2003/colombia0903/index.htm (consultado el 11 de marzo de 2008).

68. Revista Semana, 2 de julio de 2007, No. 1.261.

69. PNUD (2005) Informe sobre Desarrollo Humano 2005, La cooperación internacional ante una encrucijada: ayuda al desarrollo, comercio y seguridad en un mundo desigual, Nueva York: Programa de las Naciones Unidas para el Desarrollo y Oxford University Press, p. 155.

70. Informe del Consejo de Seguridad (2008) 'Children and Armed Conflict', Cross Cutting Report 2008 No. 1, 4 de febrero, p. 3, www.securitycouncilreport.org/site/c.glKWLeMTIsG/b.3877213/ (consultado el 8 de febrero de 2008).

71. Médecins sans Frontières (2006) 'Access to Healthcare, Mortality and Violence in the Democratic Republic of the Congo', Ginebra: Médecins sans Frontières, p. 4.

72. Entrevista con Jane Beesley, Oxfam GB, febrero de 2004.

73. *Ibid.*

74. UNHCR (2007), *op.cit.*, pp.5–6.

75. Centro de Control de Desplazamientos Internos (2007) 'Internal Displacement: Global Trends and Developments in 2006', Ginebra: IDMC (por sus siglas en inglés), p. 6.

76. Ibid., p.12; Centro de Control de Desplazamientos Internos (2004) 'Internal Displacement: Global Trends and Developments in 2003', Ginebra: IDMC (por sus siglas en inglés), p. 8.

77. Plus News (2008) 'Kenya: Internally Displaced Persons Camps Offer Little Refuge From Rapes', 28 de enero, www.plusnews.org/Report.aspx?ReportId=76454 (consultado el 7 de febrero de 2008).

78. UNHCR (2007) 'Summary of half-weekly UNHCR press-briefing', 28 de agosto.

79. UNHCR (2007) '2006 Global Trends: Refugees, Asylum Seekers, Returnees, Internally Displaced and Stateless Persons', www.unhcr.org/statistics/STATISTICS/4676a71d4.pdf (consultado el 5 de diciembre de 2007); UNRWA (2006) 'UNRWA in figures', www.un.org/unrwa/publications/pdf/uif-dec06.pdf (consultado el 5 de diciembre de 2007). En 2006, 1.946.270 personas se convirtieron en refugiadas. De ellas, 1.218.446 (62.6 por ciento) procedían de Iraq y Afganistán.

80. BBC News (2007) 'Doors closing on Iraqi displaced', http://news.bbc.co.uk/1/hi/world/middle_east/7036949.stm (consultado el 4 de diciembre de 2007); UNHCR (2007) 'New Syrian visa requirements halt most Iraqi arrivals', www.unhcr.org/cgi-bin/texis/vtx/iraq?page=news&id=46e6a8b04 (consultado el 4 de diciembre de 2007).

81. H. Muggeridge (2007) correspondencia con el investigador.

82. Home Office (2007) 'Country of Origin Information Report: Iraq', www.homeoffice.gov.uk/rds/country_reports.html (consultado el 4 de diciembre de), p. 33.

83. Oxfam Internacional tiene previsto publicar en este año otro informe centrado en la ayuda humanitaria en todos los tipos de crisis.

84. K. Annan (2005) 'Informe del Secretario General sobre la Protección de los Civiles en los Conflictos Armados', Nueva York: Naciones Unidas, p. 3.

85. Ban Ki-moon (2007) 'Informe del Secretario General sobre la Protección de los Civiles en los Conflictos Armados', Nueva York: Naciones Unidas, para. 34, http://domino.un.org/UNISPAL.NSF/f45643a78fcba719852560f6005987ad/f3f9e34acb1f690185257393006a5b97!OpenDocument (consultado el 10 de marzo de 2008).

86. Oxfam Internacional (2007) 'Oxfam to withdraw from Darfur's largest camp', http://reliefweb.int/rw/rwb.nsf/db900sid/EKOI-74A8CZ?OpenDocument&cc=sdn, (consultado el 4 de diciembre de 2007).

87. Ban Ki-moon (2007) 'Informe del Secretario General sobre la Protección de los Civiles en los Conflictos Armados', *op.cit.*, pp.11–12.

88. BBC News (2007) 'UN warns on Afghan aid transport', 29 de octubre, http://news.bbc.co.uk/1/hi/world/south_asia/7067213.stm (consultado el 30 de octubre de 2007).

89. A. Stoddard, A. Harmer y K. Haver (2006) 'Providing aid in insecure environments: trends in policy and operations', Humanitarian Policy Group *Documento resumen* 24, Londres: Overseas Development Institute.

90. A. Donini y L. Minear *et al.* (2006) 'Humanitarian Agenda 2015: Principles, Power and Perceptions: Preliminary Report', Medford MA: Universidad de Tufts, p. 29.

91. Organizaciones por la paz de la sociedad civil del norte de Uganda (2006) 'Counting the Cost: Twenty Years of War in Northern Uganda', Kampala: CSOPNU, pp. 14–15.

92. Entrevista con Ellie Kemp, Oxfam GB, agosto de 2007.

93. Oxfam Internacional, IANSA y Saferworld (2007), op.cit., p. 2.

94. Alto Comisionado de Naciones Unidas para los Refugiados (2007) 'UNHCR Briefing Notes', 20 de marzo, www.unhcr.org/news/NEWS/45ffb87b1f.htm (consultado el 4 de diciembre de 2007).

95. ICRC (2008) 'Iraq: No Let-up in the Humanitarian Crisis', p. 17, www.icrc.org/web/eng/siteeng0.nsf/htmlall/iraq-report-170308?opendocument (consultado el 19 de marzo de 2008).

96. Declaración Universal de Derechos Humanos (1948), *op.cit.*

97. Ban Ki-moon (2007) 'Informe del Secretario General sobre la Protección de los Civiles en los Conflictos Armados', *op.cit.*, p. 8.

98. *Ibid.*, p. 7.

99. Asamblea General de Naciones Unidas (2005), *op.cit.*

100. Unión Africana (2000) 'Constitutive Act of the African Union, 2000', www.africa-union.org/root/au/AboutAU/Constitutive_Act_en.htm (consultado el 10 de octubre de 2007).

101. E. Evans (2008), *op.cit.*

102. Human Security Centre (2006) 'Human Security Briefing 2006', Vancouver: Universidad de la Columbia Británica, p. 20.

103. P. Collier (2007), *op.cit.*, p. 32.

104. D. Lewis (2007) 'Niger's uranium rebellion', *Mail and Guardian,* 17 de septiembre, www.mg.co.za/articlePage.aspx?articleid=319475&area=/insight/insight__africa/ (consultado el 4 de diciembre de 2007).

105. S. Elhawary (2007) 'Between war and peace: land and humanitarian action in Colombia', Humanitarian Policy Group. *Documento de Trabajo*, Londres: Overseas Development Institute, p. 6.

106. BBC News (2007) 'Mass graves uncovered in Colombia', 6 de mayo, http://news.bbc.co.uk/1/hi/world/americas/6629217.stm (consultado el 4 de diciembre de 2007).

107. Saferworld (2008) 'Saferworld Update', *Spring*, p. 3.

108. Oficina del Alto Comisionado para los Derechos Humanos (2007) 'High Commissioner for Human Rights concerned at Kilwa military trial in the Democratic Republic of the Congo,' comunicado de prensa del 4 de julio de 2007, (consultado el 11 de junio de 2008).

109. Anvil Mining (2007) 'Anvil and its Employees Acquitted in Kilwa Incident', comunicado de prensa del 28 de junio de 2007 (consultado el 11 de junio de 2008).

110. African Association for the defence of Human Rights, Action against Impunity for Human Rights, Rights and Accountability in Development, *Global Witness* (2008) 'The Kilwa Appeal – a Travesty of Justice', 5 de mayo de 2008 resumen (consultado el 11 de junio de 2008).

111. PNUD (2005), *op.cit.*, pp. 166–7.

112. Entrevista con Jane Beesley, Oxfam GB, febrero de 2004.

113. Programa de Naciones Unidas para el Medio Ambiente (2007) 'Sudan: post-conflict environmental assessment', Nairobi: PNUMA, p. 64.

114. Tearfund (2007) 'Darfur: relief in a vulnerable environment', Teddington: Tearfund, p. 8.

115. N. Myers (2005) 'Environmental Refugees: an Emergent Security Issue', documento para el 13º Foro Económico, Organización para la Seguridad y la Cooperación en Europa, Praga, 23–27 de mayo, www.osce.org/documents/eea/2005/05/14488_en.pdf (consultado el 6 de noviembre de 2007).

116. R. Reuveny (2005) 'Environmental Change, Migration and Conflict: Theoretical Analysis and Empirical Explorations', documento presentado en la Conferencia sobre Seguridad Humana y Cambio Climático, Oslo, junio, pp. 10–12; Unrepresented People Organisation (2007) 'Chittagong Hill Tracts: Reports of Forced Settlements', www.unpo.org/article.php?id=7106 (consultado el 27 de noviembre de 2007).

117. D. Smith y J. Vivekananda (2007), *op.cit.*

118. SIPRI (2007) 'SIPRI Yearbook 2007: Armaments, Disarmament, and International Security', Oxford: Oxford University Press, p. 267.

119. IANSA (2006) 'Bringing the global gun crisis under control', www.iansa.org/media/releases/IANSA-report-summary.pdf (consultado el 17 de diciembre de 2007), p. 3.

120. Armas bajo Control (2006) 'Armas sin fronteras: por qué el comercio globalizado requiere controles globales', Oxford: Armas bajo Control, pp. 6–9. www.controlarms.org/es/descarga/informe13.htm

121. Armas bajo Control (2006) 'AK-47: la máquina de matar preferida en el mundo', Oxford: Oxfam GB, p. 6. www.controlarms.org/es/descarga/informe12.htm

122. Armas bajo Control (2006) 'Por un control estricto de las armas: voces desde la República Democrática del Congo', Oxford: Oxfam GB, p. 11. www.controlarms.org/es/assets/voces_desde_RDC.pdf

123. Entrevista con Jane Beesley, Oxfam GB, febrero de 2004.

124. Entrevista con Jane Beesley, Oxfam GB, octubre de 2006.

125. Oxfam GB (2007) 'Protection Assessment: Beni, 16–22 February 2007', Goma: Oxfam GB.

126. Entrevista con Marie Cacace, Oxfam GB, 22 de septiembre de 2007.

127. Correspondencia con Nadine Hassassian, Oxfam Novib, 28 de septiembre de 2007.

128. E. Rehn y E. Johnson Sirleaf (2002) 'Women, War, Peace: The Independent Experts' Assessment on the Impact of Armed Conflict on Women and Women's Role in Peacekeeping', Nueva York: Fondo de Desarrollo de las Naciones Unidas para la Mujer (UNIFEM, por sus siglas en inglés), p. 41.

129. *Ibid.*, p. 77.

130. International Alert (2006), *op.cit.*, pp. 269–70.

131. International Crisis Group (2006), *op.cit.*, p.17.

132. Peacewomen (2003) 'MARWOPNET Awarded 2003 United Nations Prize in the Field of Human Rights', www.peacewomen.org/resources/Peace_Negotiations/FASPressRelease 2003.html (consultado el 20 de diciembre de 2007).

133. La coca se utiliza para producir cocaína.

134. Entrevista con Jane Beesley, Oxfam GB, noviembre de 2007.

135. M. C. Omanyondo (2004), op.cit.

136. L. Bruthus (2007) 'Zero tolerance for Liberian rapists', Forced Migration Review 27: 35.

137. E. Johnson Sirleaf (2007) 'Liberia's Gender-Based Violence National Action Plan', Forced Migration Review 27: 34.

138. Departamento de Seguridad de las Naciones Unidas (2007) 'Uganda Daily Security Report', 21 de septiembre, p. 4; y Departamento de Seguridad de las Naciones Unidas (2007) 'A Brief Overview of the Security Situation in Northern Uganda During the Period 1 July–31 December 2006', Volume III, p. 1.

139. Comunicación de lo Schmid al autor, Oxfam GB, Kampala, septiembre de 2007.

140. Oxfam Internacional (2007) 'The Building Blocks of Sustainable Peace: the Views of Internally Displaced People in Northern Uganda' Oxford: Oxfam Internacional, p. 9.

141. D. Mepham y A. Ramsbotham (2007) 'Safeguarding Civilians: Delivering on the Responsibility to Protect in Africa', Londres: Institute for Public Policy Research, pp. 16–17.

142. T. Ekiyor (2008) 'The Responsibility to Protect: A Way Forward – or rather Part of the Problem?', Foreign Voices 1, febrero, Bonn: Development and Peace Foundation.

143. Human Security Centre (2006) 'Human Security Briefing 2006', Universidad de la Columbia Británica, p. 19.

144. S. Pantuliano y S. O'Callaghan (2006) "The 'Protection Crisis": a Review of Field-based Protection Strategies in Darfur', Londres: Overseas Development Institute, p. 11.

145. Entrevista con Jane Beesley, Oxfam GB, mayo de 2007.

146. Human Security Study Group (2007) 'A European Way of Security: The Madrid Report of the Human Security Study Group', London School of Economics.

147. Consejo de Seguridad de las Naciones Unidas (2006), op.cit.

148. Center on International Cooperation (2008) 'Annual Review of Global Peace Operations 2008', Documento resumen, p. 2, www.cic.nyu.edu/internationalsecurity/docs/Final2008briefingreport.pdf (consultado el 1 de mayo de 2008).

149. La Campaña Internacional para la Prohibición de las Minas (2007) da una cifra de 5.751 bajas registradas en 2006 op.cit. La Campaña Internacional para la Prohibición de las Minas considera que, debido a la recogida inadecuada de datos, esta cifra es significativamente inferior a la realidad. El informe de 2007 comparaba esta cifra con estimaciones anteriores de 15–20.000 bajas anuales. El informe 'Landmine Monitor Report 2001' daba una cifra de 26.000, www.icbl.org/lm/2001 (consultado el 7 de marzo de 2008).

150. A. Guáueta (2006) 'Doing business amidst conflict: emerging best practices in Colombia', en International Alert (2006), op.cit., pp. 284–5.

151. M. A. B. Geronimo y S. S. Samaco (2006) 'Paglas Corporation in Mindanao: targeted investment in a conflict zone', en International Alert (2006), op.cit., pp. 454–6.

152. G. Nystuen (2006) 'Investment policies and arms production – experiences from the Norwegian Petroleum Fund-Global', en J. Borrie y V. Martin Randin (eds.) 'Thinking Outside the Box in Multilateral Disarmament and Arms Control Negotiations', Nueva York: Naciones Unidas, pp. 207–24.

153. BBC News (2007) 'Blackwater "killed 17", says Iraq', 8 de octubre, http://news.bbc.co.uk/1/hi/world/middle_east/7033048.stm (consultado el 8 de octubre de 2007).

154. M. DuBois (2007) 'Protection', Médecins sans Frontières Dialogue No. 4, Londres: MSF UK, p. 2.

155. C. McCabe (2005) 'Fuel-efficient stoves improve the lives of women in Kebkabiya', Oxford: Oxfam GB.

156. North Kivu Protection Cluster (2007) 'Urgent Need to Protect the Population in North Kivu, in the Context of Renewed Conflict and Diminishing Coping Capacities', Goma: North Kivu Protection Cluster.

157. La mayoría de lo gobiernos donantes consideran 'estados frágiles' aquellos que están incluidos en las dos categorías inferiores de las cinco que establece el Banco Mundial en su Índice de Evaluación de Políticas e Instituciones de un País.

158. R. Picciotto (2006) 'Evidence to the UK House of Commons International Development Committee', 2 de mayo.

159. *Ibid.*

160. Comité de Ayuda al Desarrollo de la OCDE (2007) 'Review of the Development Co-operation Policies and Programmes of the European Community', p. 67.

161. Palestinian Center for Policy and Survey Research (2006) 'Joint Palestinian-Israeli Public Opinion Poll: In the aftermath of the war in Lebanon, Palestinian support for Hamas unchanged with greater pragmatism among Israelis regarding negotiations', www.pcpsr.org/survey/polls/2006/p21ejoint.html (consultado el 5 de diciembre de 2007).

162. New Sudan Center for Statistics and Evaluation (2004) 'On the threshold of peace: perspectives from the people of New Sudan', Washington DC: National Democratic Institute for International Affairs, pp. 13, 37.

163. Programme on International Policy Attitudes (2005) 'The Darfur Crisis: African and American Public Opinion', www.globescan.com/news_archives/GS_PIPA_darfur_report.pdf (consultado el 10 de marzo de 2008), p. 3.

164. World Public Opinion (2007) 'Publics around the world say UN has Responsibility to Protect against genocide', www.worldpublicopinion.org/pipa/pdf/apr07/CCGA+_Genocide_article.pdf (consultado el 5 de diciembre de 2007).

165. Entrevista con Amir Osman, Save Darfur, agosto de 2007.

166. H. Slim (2007)' Killing Civilians: Method, Madness and Morality in War', Londres: Hurst; ver también H. Slim (2007) 'A greater understanding of why civilians are targeted is vital to protecting them argues Hugo Slim', http://blogs.odi.org.uk/blogs/exchange/archive/2007/10/10/5398.aspx (consultado el 8 de marzo de 2008).

167. MONUC (2007) 'The Human Rights situation in the DRC from July to December 2006', www.monuc.org/AllNews.aspx?lang=en&TypeID=11&categoryId=6 (consultado el 8 de octubre de 2007).

168. Entrevista con Jane Beesley, Oxfam GB, febrero de 2004.

169. M. Waldman (2007) 'Community Peacebuilding in Afghanistan: the Case for a National Strategy,' Oxford: Oxfam Internacional, p. 29.

170. Comunicación de Fatu Morris al autor, Oxfam GB, Monrovia, septiembre de 2007.

171. J. Young (2007) 'Emerging North–South Tensions and Prospects for a Return to War', Ginebra: '*Small Arms Survey*', Graduate Institute of International Studies, p. 19.

172. Ban Ki-moon (2007) 'Informe sobre Niños y Conflictos Armados en Sudán', 29 de agosto.

173. Civil Society Organisations for Peace in Northern Uganda (2004) 'Nowhere to Hide', Kampala: Civil Society Organisations for Peace in Northern Uganda, p. 7.

174. T. Blair (2004) Discurso en Sedgefield, Reino Unido, 5 de marzo de 2004.

175. UNHCR (2007) '2006 Global Trends: Refugees, Asylum Seekers, Returnees, Internally Displaced and Stateless Persons', *op.cit.*; UNRWA (2006), *op.cit.* En 2006, 1.946.270 personas se convirtieron en refugiadas. De ellas, 1.218.446 (62,6 por ciento) procedían de Iraq y Afganistán.

176. Departamento de Estado de EE UU (2007) 'Background Information: Country Reports on Terrorism and Patterns of Global Terrorism', www.state.gov/s/ct/rls/fs/2006/63453.htm (consultado el 5 de diciembre de 2007).

177. M. O'Hanlon (2008) *op.cit.*, p. 5, utilizando: Human Rights Watch (2005) 'A Face and a Name: Civilian Victims of Insurgent Groups in Iraq', Nueva York: Human Rights Watch, pp. 111–14, www.hrw.org/reports/2005/iraq1005/iraq1005.pdf, y T. Ricks (2006) 'Fiasco: The American Military Adventure in Iraq', Nueva York: Penguin, pp. 115–297.

178. Cuartel General del Ejército de EE UU y Cuartel General del Cuerpo de Marines de EE UU (n.d.) Field Manual 3-24 y Marine Corps Warfighting Publication 3-33.5: 'Counterinsurgency', Washington DC: Departamento del Ejército y Departamento de la Marina, pp. 1–29.

179. J. Campbell y M. O'Hanlon (2008) 'The Iraq Index', Washington DC: Brookings Institution, www.brookings.edu/iraqindex (consultado el 28 de enero de 2008), p. 21.

180. D. Rohde (2007) 'Afghan Police are set back as Taliban adapt', *New York Times,* 26 de agosto; Oficina de Naciones Unidas contra la Droga y el Delito (2007) 'Afghanistan Opium Survey 2007: Executive Summary', www.unodc.org/pdf/research/AFG07_ExSum_web.pdf (consultado el 5 de diciembre de 2007), p. 1.

181. British Agencies Afghanistan Group (2007) 'Submission to UK Defence Select Committee', marzo.

182. Agency Coordinating Body for Afghan Relief (2007) 'Protecting Afghan Civilians: Statement on the Conduct of Military Operations', 19 de junio.

183. Human Rights Watch (2007) 'Afghanistan: Slow Progress On Security And Human Rights', 30 de enero, http://hrw.org/english/docs/2007/01/29/afghan15223.htm (consultado el 5 de diciembre de 2007); Reuters (2007) 'UN Envoy says no time to "wobble" in Afghanistan', 17 de octubre; Ban Ki-moon (2007) 'Informe del Secretario General al Consejo de Seguridad sobre la situación en Afganistán y sus implicaciones para la Paz y la Seguridad', Nueva York: Naciones Unidas, p. 13; Naciones Unidas y Afghanistan Independent Human Rights Commission (2007) 'Principal Humanitarian Concerns Related to Protection of Civilians in Afghanistan'; IRIN (2007) 'Civilians complain about impact of fighting on their lives', 3 de julio, www.irinnews.org/Report.aspx?ReportId= 73061 (consultado el 10 de marzo de 2008); IRIN (2007) 'Civilian casualties reportedly peak in August', 5 de septiembre, www.irinnews.org/Report.aspx?ReportId=74118 (consultado el 5 de diciembre de 2007); Associated Press (2007) 'Afghan army kill scores of insurgents', 1 de septiembre; *The Washington Post* (2007) 'Taliban attacks moving closer to Kabul', 26 de septiembre.

184. A partir de una entrevista en terreno llevada a cabo por Elaheh Rostami Povey, 2007.

185. E. Sanders (2007) 'Somalia's rough tactics seen backfiring', *Los Angeles Times*, 30 de junio.

186. 'Entrega extraordinaria' es el término utilizado para describir las detenciones extrajudiciales y el traslado de sospechosos de un país a otro. En febrero de 2007, el Parlamento Europeo criticó a varios Estados miembros por permitir que la CIA utilizara su espacio aéreo en el traslado de más de 1.000 sospechosos.

187. G. J. Ikenberry (2008) *op.cit.*, p. 2.

188. *Ibid.*, p. 6.

189. P. Khanna (2008) 'Waving Goodbye to Hegemony', *New York Times*, 27 de enero, http://newamerica.net/publications/articles/2008/waving_goodbye_hegemony_6604 (consultado el 12 de febrero de 2008).

190. Discurso de N. Sarkozy (2007) en la 15ª Conferencia de Embajadores, Paris, 27 de agosto, www.premier-ministre.gouv.fr/en/information/press_871/fifteenth_ambassadors_conference_speech_57109.html (consultado el 19 de marzo de 2008).

191. J. Nye (2002) op.cit.

192. Presentación de Tim Murithi, Institute of Strategic Studies, en un encuentro de Oxfam, Addis Ababa, 10 de octubre de 2007.

193. S. Kleine-Ablbrandt y A. Small (2008) 'China's New Diplomacy: Is Beijing Parting with Pariahs?', en Foreign Affairs 87(1): 48.

194. A. Natsios (2007) 'Declaración ante la Comisión de Relaciones Exteriores del Senado' 11 de abril.

195. A. Small y S. Kleine-Ahlbrandt (2007) 'Beijing cools on Mugabe', International Herald Tribune, 3 de mayo, www.cfr.org/publication/13263/beijing_cools_on_mugabe.html (consultado el 8 de octubre de 2007).

196. S. Kleine-Ahlbrandt y A. Small (2008) 'China's New Dictatorship Diplomacy: Is Beijing Parting with Pariahs?', en Foreign Affairs 87(1): 56.

197. C. Barnes (2006) 'Weaving the Web: Civil-Society Roles in Working with Conflict and Peacebuilding', www.peoplebuildingpeace.org/thestories/print.php?id=68&typ=refl (consultado el 5 de diciembre de 2007), p. 13.

198. Oxfam (2007) Presentación de Oxfam ante la Comisión de Desarrollo Internacional de la Cámara de los Comunes 'Development Assistance in Insecure Environments: Afghanistan', noviembre, pp. 8, 17–18.

199. M. Rowling (2007) 'Women say Darfur peace won't work without them', www.alertnet.org/db/blogs/20316/2007/10/1-171732-1.htm (consultado el 8 de noviembre de 2007).

200. M. Sommers (2006) 'Fearing Africa's young men: the case of Rwanda', Social Development Papers: Conflict Prevention and Reconstruction, No. 32, pp. 4–5.

201. Naciones Unidas (1994) 'Directrices sobre la Utilización de Recursos Militares y de Protección Civil para las Operaciones de Socorro en Caso de Desastre', www.unjlc.org/tools/FOM/supporting_docs/FOM_PUB_6_4_06_MCDA_Guidelines_Natural_Disasters.pdf (consultado el 5 de diciembre de 2007).

202. Jan Eliasson, citada en Conciliation Resources (2008) 'Incentives, sanctions and conditionality in peacemaking'.

203. Ban Ki-moon (2008) 'mensaje en vídeo en la conferencia diplomática sobre bombas de racimo', Dublín, mayo.

204. Naciones Unidas (2006) 'Se requiere una acción conjunta para proteger a los civiles en los conflictos armados, dice el subsecretario general saliente para asuntos humanitarios', transcripción del 5577º encuentro del Consejo de Seguridad de las Naciones Unidas, 4 de diciembre.

205. Ver, por ejemplo, International Alert (2005), op.cit.

206. G. J. Ikenberry (2008), op.cit., p. 7.

207. S. Schwenninger (2004) 'Beyond Dominance', New America Foundation, 1 de febrero, www.newamerica.net/publications/policy/beyond_dominance (consultado el 12 de febrero de 2008).

208. J. Khan, J (2007) 'China's leader closes door to reform', New York Times, 16 de octubre, www.nytimes.com/2007/10/16/world/asia/16china.html?scp=7&sq=multipolar&st=nyt (consultado el 19 de marzo de 2008).

Índice

Los números de página en cursiva seguidos de una n hacen referencia a las notas finales.